ANDREA SCHNYDER

Von Ailaghoga und einem Pfeil, der mein Leben veränderte

novum pro

Bibliografische Information der Deutschen Nationalbibliothek:

Die Deutsche Nationalbibliothek verzeichnet diese Publikation in der Deutschen Nationalbibliografie. Detaillierte bibliografische Daten sind im Internet über http://www.d-nb.de abrufbar.

Alle Rechte der Verbreitung, auch durch Film, Funk und Fernsehen, fotomechanische Wiedergabe, Tonträger, elektronische Datenträger und auszugsweisen Nachdruck, sind vorbehalten

Gedruckt in der Europäischen Union auf umweltfreundlichem, chlor- und säurefrei gebleichtem Papier.

© 2022 novum Verlag

ISBN 978-3-99131-370-0
Lektorat: Leon Haußmann
Umschlagfotos: Vladimir Kolesnikov, Christian Weber, Michal Bednarek, Vasiliy Koval | Dreamstime.com
Umschlaggestaltung, Layout & Satz: novum Verlag
Innenabbildungen: Andrea Schnyder, Grafik: Giraphics | Dreamstime.com

www.novumverlag.com

*Von Ailaghoga
und einem Pfeil,
der mein Leben veränderte*

Ailaghoga lebe hoch, hoch, hoch!

Inhaltsverzeichnis

BUCH 1

Aimo

Vorwort

Liebe Leserinnen, Liebe Leser

Diejenigen unter euch, die das erste Buch bereits gelesen haben, wird die Fortsetzung vielleicht etwas verwirren: Aimo hat plötzlich eine neue Persönlichkeit bekommen. Aus dem strengen, grausamen Hausherrn ist ein junger Mann geworden, der stolz auf Ailaghoga ist und mit viel Herzblut seinen Flecken regiert. Das ist weniger ein Zufall als absolut beabsichtigt. Wenn ich in meinem Praktikum als Pflegehelferin eines gelernt habe, dann ist es, dass Menschen nicht so sein müssen, wie wir sie von außen her wahrnehmen. Hinter abstoßend und unnahbar kann eine äußerst soziale und liebe Persönlichkeit stecken, die in ihrem Leben nie anlehnen konnte, von keinem akzeptiert wurde. Und genau deswegen will ich wieder einmal genau auf diese Menschen aufmerksam machen. Wenn ihr dies lest, denkt immer daran, dass eine jede Geste eines Menschen aus einem bestimmten Grund geschieht. Vielleicht verstehen wir diesen von außen nur nicht. Aber wenn wir immer wieder versuchen, Menschen zu verstehen, ihnen zuzuhören, so bin ich mir sicher, einige unserer Probleme könnten wir damit aus der Welt schaffen.

Nun aber genug der großen Worte.

Viel Spaß mit dem Buch!

Liebe Grüße Andrea Schnyder

Gutshof Ailaghoga
743 n. Chr.

„Junge, so komm doch endlich. Ich will abreisen!", rief mein Vater genervt. Meine Mutter kam uns im Damensitz elegant entgegen geritten. Der Stoff ihres Kleides wog sich sanft im Wind. Ich nahm mein Pferd an den Zügeln, schwang mich auf das vornehme Tier und ritt Vater nach einem kurzen Galopp hinterher. Mutter folgte. Es war ein kalter Morgen am 19.Dezember 743. Es schneite ununterbrochen. Die Flocken fielen auf uns nieder und ließen die Felder unter einer dicken, weißen Schneeschicht verschwinden. Endgültig hatte der Winter Einzug gehalten und brachte mit sich diese ganz besondere Ruhe, die ich zwar nicht ganz fassen konnte, aber nach dem warmen Sommer sehr genoss und mich daran erinnerte, dass die Weihnacht vor der Tür stand. Am Wegrand sprachen uns Leute den Segen zu. Den konnten wir gebrauchen, denn im tiefsten Winter nach Sankt Gallen zu reiten, war mehr als ein Abenteuer, über das ich im Moment nicht wahnsinnig begeistert war, wenn ich an das warme Feuer dachte, dass ich zusammen mit ein paar gleichaltrigen Bauerskindern gestern ohne das Dazutun meiner Eltern im Wald gemacht hatte. Nun hatten sich Schneekristalle auf meinem schwarzen Haar gebildet und ich schlotterte am ganzen Körper. Und das ganze Tamtam nur, weil Mutter im Kloster die Predigt dieses einen Pfarrers hören wollte. Papst Zacharias nannten sie ihn, da er nicht nur dieselbe Figur hatte wie der eher dickliche echte Papst, sondern auch dieselbe Frisur trug. Das Kopfkränzchen des Priesters Zacharias sah aus wie ein zu tief geratener Heiligenschein.

„Hoch lebe Aimo!", riefen die Leute uns zu. Mein Vater hieß, wie ich, Aimo. Ich war zwar Aimo II., um genau zu sein. Aber das interessierte niemand. Zum Glück. Die Zwei im Namen zu haben, war sowieso nicht gerade der Himmel auf Erden.

Wir erreichten Wila (das heutige Wil), unseren ersten Zwischenhalt, am frühen Abend, als die Sonne bereits hinter dem

Horizont untergegangen war. Vater stieg als Erster ab, dann half er meiner Mutter vom Pferd. Ohne auf mich zu warten, gingen sie auf die Taverne zu, die einige Meter vor uns stand. Ich schwang mich ebenfalls vom Pferd, klopfte ihm noch ein paar Mal dankbar für den langen Ritt auf den Hals und lief meinen Eltern hinterher. Sofort bestellte Vater zwei Bier. Eines für mich und eines für sich selbst. Meine Mutter ging mit den Satteltaschen, ohne ein Wort zu verlieren, ins Obergeschoss, wo ich die Schlafzimmer vermutete. Ich fragte mich, wieso sie sich nicht zu uns setzte. Normalerweise tat sie das immer. Vielleicht war es der lange Ritt, den sie ausgelaugt hatte. Oder aber, es lag daran, dass sie eine männliche Silhouette entdeckt hatte, die ihr vom oberen Stock freudig zuwinkte. Unschlüssig ließ ich das Rätsel erst einmal auf sich beruhen und setzte mich zusammen mit meinem Vater an einen Tisch, an dem zwei mir nur zu gut bekannte Männer saßen: König Childerich, der König der Franken, der Herzog von Wila und zwei weitere, mir unbekannte Adelige.

„Diese Pippiniden reißen alles an sich. Sie unterjochen Alemannien, als wären sie die einzigen, die Gott gesegnet hätte. Wieso sollten wir uns ihrem Willen beugen?", wetterte der Herzog von Wila. Mein Vater meldete sich noch bevor er richtig Platz genommen hatte: „Weil es gesünder für uns ist."

„Ich passe mich niemandem an. Die können sich uns anpassen, diese Pippiniden. Alemannien war schon immer ein eigenes Land und wird es auch bleiben. Dafür sorgen wir schon noch", polterte der Frankenkönig Childerich los.

„Aber Ihr seid doch der König der Franken. Die pippinidischen Hausherren sind doch Eure Untertanen. Wieso sagt Ihr denen nicht einfach die Meinung?", fragte ich ein wenig vorlaut. Zwar war ich erst sechs, würde im Sommer sieben. Aber man hatte mich als Erbe eines riesigen Gutes namens Ailaghoga gut auf die politische Verantwortung vorbereitet. Schließlich wusste man nie, was geschehen würde …

Das Erbrecht im fränkischen Königtum war nach alter Tradition der Römer festgeschrieben. Das riesige Reich wurde jeweils unter den Söhnen des verstorbenen Frankenkönigs aufgeteilt.

Eine Regel, die gebrochen wurde, als Pippin II. mit Hilfe von ein paar Verbündeten den herrschenden Childebertus adoptivus in zwei Schlachten besiegte und Pippin im Jahr 687 der neue König der Franken von Austrasien wurde, einem großen Teil des Frankenlandes im Nordosten.

Als Pippin 714 starb, entbrannten Machtkämpfe unter den Mächtigen. Karl Martell, Pippins unehelicher Sohn, setzte sich schließlich durch. Nun war er Herrscher über Austrasien. Das reichte ihm aber nicht. Er wollte mehr. Bald konnte er die Wahl der neuen fränkischen Könige, die aus der Familie der Merowinger stammten, entscheidend beeinflussen. Mit der geschickten Einsetzung verschiedener Könige weitete er die eigene Macht aus, bis die Merowingische Familie eine bloße Marionette der Pippiniden war und keine Oberhäupter. In Alemannien, ebenfalls einem großen Teil des Frankenlandes, begann es unter den Adeligen langsam zu brodeln, denn, auch wenn vielleicht nicht alle begriffen hatten, was mit den Merowingern geschah, schienen sie es zumindest zu spüren. Und mit der neuen Herrschaft der Pippiniden wollten sie sich nicht abfinden.

Bevor Karl Martell starb, teilte er sein Reich auf seine beiden Söhne Karlmann und Pippin III. auf. Nun hatte das Frankenreich also faktisch zwei Könige, die jedoch auf dem Papier von der katholischen Kirche nicht als solche anerkannt waren, obwohl sie je etwa die Hälfte des alten Landes besaßen.

Pippin war Hausherr von Neustrien, Burgund und der Provence, während Karlmann Austrien, Alemannien und Thüringen bekam.

Aber die Alemannen dachten gar nicht daran, sich dem ungesalbten König Karlmann zu unterzuwerfen. Die alemannischen Adelsgeschlechter vereinten sich zum Aufstand.

„Was soll die Frage, Junge? Für wen hältst du dich eigentlich?", fragte König Childerich, der letzte merowingische König der Franken, der durch Karlmann eingesetzt worden war, weil er für das fiktive Oberhaupt der Alemannen nochmals eine königliche Hoheit brauchte. Aber wie alle anderen Adligen wusste auch ich, dass König Childerich nur Mittel zum Zweck war.

Unser wahrer König war Karlmann. Niemand wusste so genau, was Karlmann mit Childerich vorhatte und was danach mit dem Merowinger geschah.

„Ich bin Aimo II. Mein Vater führt den Gutshof Ailaghoga", antwortete ich auf Childerichs Frage.

„Ailaghoga?"

„Ganz richtig", antwortete ich selbstbewusst.

Er schwieg, er wusste, dass Ailaghoga ein Stützpunkt des regionalen Handels war.

„Und wie alt bist du?", fragte der König weiter.

„Sechs."

„Gut, dann hör mir mal gut zu. Überlass das Diskutieren den Männern. Du kannst wiederkommen, wenn du einer bist. Kleine Jungen gehören zu dieser Uhrzeit ins Bett."

„Ihr habt mir nichts zu befehlen. Ihr habt nicht das Recht dazu", wehrte ich mich. Die Hand des Herzogs von Wila fuhr mit Wucht auf meinen Rücken nieder. Ich ging zu Boden. „Nun Junge? Willst du dich immer noch in erwachsene Dinge einmischen?"

Die Herren am Tisch lachten. Mein Vater auch: „Verdient hast du es, ungezogener Bengel!"

Ich rannte zum Zimmer, in dem ich Mutter vermutete. Ohne anzuklopfen, trat ich ein. Da lag sie. Neben einem anderen Mann. Dem Mann, dem sie vorhin zugewunken hatte. An einem Haken hingen kostbare Kleider. Wer war dieser Mann? Bestürzt versuchte ich aus dem Zimmer zu rennen, in der Hoffnung, niemand hätte mich gehört. Dieser Wunsch ging leider nicht in Erfüllung. Der Mann sprang auf, warf sich einen Mantel um den sonst nackten Körper, rannte auf mich zu und drückte mich gegen die Wand. „Du sagst nichts! Ein Wort und ich werde Gottes Zorn auf dich hetzen!"

In seinen Augen spiegelte sich Angst. Dann wich sie der Verzweiflung und machte schließlich der Reue Platz, als meine Mutter ihn an der Schulter fasste und langsam von mir wegzog. „Keine Panik Zacharias. Keiner wird je davon erfahren!"

Als der Mann sich wieder meiner ebenfalls nackten Mutter zuwendete und gleich wieder über sie herfiel, merkte ich, unter welcher Angst ich selbst gelitten hatte. Schnell ergriff ich die günstige Gelegenheit und rannte aus dem Zimmer. Diese Nacht verbrachte ich bei den Pferden im Stall. Sie waren mein Ein und Alles. Bei ihnen fühlte ich mich sicher. Denn sie bedrohten mich nicht, lachten mich nicht aus, und nach meinem Alter beurteilten sie mich erst recht nicht. Bei ihnen war ich einfach ein Reiter, der es gut mit ihnen meinte.

Das Frühstück fand am Morgen im großen Saal der Taverne statt, wo neben den vier vornehmen Herren auch dieser seltsame Mann aus dem Zimmer meiner Mutter Platz genommen hatte. Diesmal trug er zum Glück Kleidung. Mein Vater begrüßte ihn wie einen alten Kumpel. „Zacharias, das ist ja eine Überraschung! Ich dachte, du seist schon lange in Sankt Gallen! Bist du nicht bereits vor ein paar Tagen in Ailaghoga abgereist?"

Zacharias schüttelte den Kopf: „Eigentlich wollte ich um diese Zeit tatsächlich schon im Kloster sein. Aber dieser Schnee ist einfach zu tief. Als ich hier in Wila angekommen bin, beschloss ich, ein paar Nächte länger hier zu bleiben, in der Hoffnung, dieser kalte Wind würde wenigstens ein bisschen nachlassen. Als ich dann gestern deine Frau Katarina gesehen habe, wusste ich, dass auch du, Aimo, hier sein wirst. Also beschloss ich, heute ein bisschen früher aufzustehen, in der Hoffnung, ihr könntet mich mitnehmen. Allein reisen macht einfach nicht gleich viel Spaß und ist gefährlicher. Schließlich darf ich mich als Priester nicht wehren, was dir als Adeliger nie schwergefallen ist." Vater schmunzelte. Dann wandte er sich an mich. „Dies ist mein Sohn, Aimo II. Dieser Mann ist dir sicher bekannt, nicht wahr, Sohn?", fragte Vater.

Anscheinend war er also ein hohes Tier. So nickte ich höflich, grüßte ihn, so nett es ging und wandte mich wieder meinem Bier zu. Der Schaum blieb an meinem Mund kleben und bildete einen Schnauz um meine Lippen. Ein Mädchen, das ich jetzt erst richtig wahrnahm, wischte sich mit einer Hand selbst über das feine Gesicht und deutete dann auf mich. Schnell machte ich ihre Geste nach und lächelte ihr dann dankend zu. Sie lächelte zurück und widmete sich dem Herzog von Wila neben ihr, den sie mit Vater ansprach. Die beiden tuschelten miteinander, dann wandte sich der Herzog an meinen Vater. „Können wir mitkommen, Aimo? Wir wollen auch wieder mal ins Kloster. Deswegen ist meine Tochter eigentlich hier."

Vater nickte und blickte zu Childerich. „Und Ihr, König? Ihr seid sicher nicht den beschwerlichen Weg bis hierher geritten, nur um in einer Schenke einzukehren."

„Nein, ich wollte mich den Pippiniden wieder einmal entziehen und mich mit den hiesigen Fürsten besprechen. Anscheinend soll es hier ein paar aufständische alemannische Adelige geben."

Mein Vater pfiff gespielt empört durch die Zähne und schüttelte den Kopf. „Das glaub ich aber nicht. Wir sind doch alle zufrieden mit Karlmann. Ich kann mir keinen besseren Herren vorstellen." Seine Stimme triefte vor Ironie.

„Das würde den Pippiniden bestimmt so gefallen." Der König nahm seinen Mantel vom Stuhl, legte ihn sich um und nickte mir zu. „Junger Mann, sattelst du mein Pferd? Ich denke, ein kleiner Abstecher zum Kloster kann nicht schaden. Zumal ich schon lange wieder einmal einem richtigen alemannischen Gottesdienst horchen will."

Ich nickte aufgeregt. Das Pferd des Königs satteln zu dürfen, war eine unheimliche Ehre, die ich bestimmt nur einmal im Leben erhalten würde. Eine halbe Stunde später ritt der gesamte Tross los. Mein Vater und der König voraus, dann folgten meine Mutter, die neben diesem Mann ritt. Ich und die Tochter des Herzogs ritten dahinter und der Herzog bildete das Schlusslicht. „Schön hier draußen, was?", flüsterte die Tochter, deren Namen ich noch immer nicht kannte.

Ich nickte. „Wie heißt du eigentlich?", wollte ich wissen.

„Helene. Mein Name ist Helene von Wila."

„Ich bin Aimo. Freut mich!"

Das Mädchen lächelte etwas erstaunt, dass ich ihr nicht meinen vollständigen Namen nannte, auf den die Adligen sonst immer sehr stolz waren, sagte aber nichts weiter. Also blickte ich wieder nach vorne. Zum guten Glück. Denn dieser Fremde ritt genau vor meiner Nase, ohne auf eine andere Seite als auf die meiner Mutter zu blicken. Ein Wunder, dass es bisher keinen Aufprall gegeben hatte. „Wer ist dieser Mann?“, brummte ich leise.

Belustigt hob das Mädchen eine Braue. „Das ist ein Priester des Klosters St.Gallen. Und weil er eben so aussieht wie Papst Zacharias, nennen sie ihn auch alle so. Wie er wirklich heißt, weiß ich gar nicht.“

„*Der* Priester Zacharius?“, wiederholte ich zwischen ungläubig und forschend, als ob mich Helene zum Narren halten wollte. Aber sie blieb ernst. „Aber …“, weiter kam ich nicht. Nein, darüber würde ich mit keiner Menschenseele reden. Sonst bräche Gotteszorn über mich herein. Und ich wusste, was das zur Folge hatte. Schwere Krankheiten, die beinahe immer mit dem Tod endeten und danach etliche Jahre Fegefeuer. Nein, nein, das wollte ich nicht auf mich nehmen. Außerdem kam mir nun ein weiterer Gedanke. Priester Zacharias hatte bereits in Ailaghoga gepredigt und danach in unserem Herrenhaus genächtigt. Er hatte an unserem Tisch gesessen. Vater und vor allem Mutter hatten sich wunderprächtig mit ihm verstanden. Vielleicht hatten sie sich in der Kirche kennengelernt, meine Mutter und dieser Priester. Vielleicht hatte er gestern nur in ihrem Zimmer gepredigt. Nackt hatte es vielleicht eine größere Wirkung. Vielleicht war das, was sie getan hatten, ein besonderer Schutz gegen Krankheiten und gegen Sünden. Aber warum war er so erschrocken, als ich die beiden gesehen hatte? Wenn er doch nur Gutes tun wollte …

„Was aber?“, fragte Helene, die noch immer darauf wartete, dass ich meinen angefangenen Satz beendete.

„Aber von den Kirchenbänken her sieht er ganz anders aus“, wich ich aus, schüttelte verwirrt den Kopf, drehte mich halbwegs zum Herzog um und begann mit ihm ein angeregtes Gespräch darüber, wie die Pippiniden die Macht an sich gerissen hatten. Davon verstand ich wenigstens etwas.

Kloster Sankt Gallen

743 n. Chr.

Von Sonnenauf- bis Sonnenuntergang waren wir durchgeritten. Erschöpft warf ich mich auf das Bett, das uns vom Kloster in der Pilgerherberge zur Verfügung gestellt wurde. Kaum hatte ich den groben Überzug berührt, war ich eingeschlafen.

Die Weihnachtsfeier zog sich in die Länge wie der Nebel, der in langen Schwaden über das Tal zog. Und ausgerechnet Priester Zacharius hielt die Feier ab. Während der ganzen Predigt konnte ich an nichts anderes denken als an den vorhergehenden Abend. Wer war dieser Priester wirklich, und was hatte er mit Mutter vor? War er mein Freund oder mein Feind? Und wieso wich Mutter diesem Thema immer wieder aus, wenn ich sie darauf ansprach, wenn wir allein waren? Ich wollte doch nur, dass es ihr gutging. Ich war froh, als Vater endlich die Vorbereitungen für die Abreise traf. Als ich jedoch am Abend in meinem Bett lag, schreckte mich ein Würgegeräusch aus dem Schlaf. Reflexartig schoss ich hoch und sah mich im Zimmer um. Mutter hockte vor dem Klo und erbrach ihr gesamtes Nachtessen. Dann wischte sie sich den Mund ab und drehte sich langsam zu mir um, hielt sich dabei aber den Finger an die Lippen. Dann flüsterte sie verzweifelt: „Sag deinem Vater nichts. Bitte! Von gar nichts. Auch nicht von der Nacht, als du Zach und mich gesehen hast, ja?"

Ich nickte, besorgt um ihre Gesundheit. Aber mein Vater hatte es gehört. Auch ihre an mich gerichteten Worte. Er stand auf, zog Mutter aus dem Zimmer und schlug die Tür hinter sich zu, so dass ich nicht mitbekam, was draußen ablief und nur kurz darauf Pferdegetrampel und Schreie hören konnte.

Am nächsten Morgen hatte meine Mutter ein geschwollenes Gesicht und ein blaues Auge. Außerdem ging sie komisch. Und trotzdem bekam ich acht Monate später ein kleines Geschwisterchen. Meine Schwester Theota. Oder wie mein Vater „den Bankert" nannte: „Teufels Kindchen."

Von diesem Tag an erschien „Papst" Zacharius nicht mehr in Ailaghoga. Auch sonst hörte ich nichts mehr von ihm, was mir gerade recht war. Nun wusste ich wenigstens, dass meine Mutter in Sicherheit war. Bei Vater war sie das bestimmt. Denn der liebte seine Katarina über alles.

Wald zu Wila

746 n.Chr.

Als wir drei Jahre später wieder an den Sankt Galler Weihnachts-gottesdienst wollten, passierte es: Wir hatten Wila bereits hinter uns gelassen und ritten durch einen großen Wald, als ich ein Rascheln hörte. Ein wunderschöner Hirsch mit einem staatlichen Geweih stand mir plötzlich gegenüber. Er blickte zu mir, abschätzend, ob er davonlaufen sollte. Das schien er dann tatsächlich für sicherer zu halten und sprang ins Gebüsch. Vater hatte ihn ebenfalls gesehen und entschied spontan, eine Pause einzulegen. Mutter und Schwester gingen auf die Suche nach einigermaßen trockenem Holz, um ein Feuer zu machen. Zum Glück war es dieses Jahr im Dezember so warm geworden, dass nun kein Schnee mehr lag. Es war, als würde der Winter eine Verschnaufpause nehmen, bevor er wieder die Kälte in unser Land blies.

Vater und ich hatten-ohne Rücksprache-entschieden, auf die Jagd nach diesem Hirsch zu gehen. Ich griff an meine rechte Schulter, wo normalerweise mein Bogen gehangen wäre. *Wäre!*

„Man geht nicht mit Waffen in ein Kloster. Das machen nur Barbaren." Mit diesen Worten hatte mir Mutter vor der Abreise den eben gerade neu bespannten Bogen wieder aus der Hand genommen und mir stattdessen eine Chlamys gereicht. Das war ein rechteckiger Stoff, der mit einer Brosche an der rechten Schulter gehalten und von Männern bei wichtigen Angelegenheiten und während der Jagd getragen wurde. Zu einem Seufzer meinerseits hatte sie mir die Chlamys angehängt.

Nun nervte ich mich, dass ich nachgegeben hatte. Der Hirsch wäre ein gutes Stück Fleisch gewesen.

„Wartest du auf besseres Wetter?", fragte Vater mich.

„Aber ich habe gar keinen Bogen!"

„Für was hast du zwei Hände? Mach dir eben einen!", antwortete Vater genervt.

Also suchte ich nach einem biegbaren Holzstock. Dann riss ich am unteren Ende meiner Chlamys einen Stoffstreifen ab und band ihn an einem Ende des Stockes fest, bog ihn und verknotete darauf den Stoff am anderen Ende des Stockes. Nach einem spitzen Gegenstand suchend, kam ich auf eine Idee. Ich zog die Brosche aus meinem Gewand, brach die lange Nadel ab und steckte sie auf einen weiteren geraden Stock. Meine Chlamys band ich mir wie einen Mantel um den Hals. Dann schnitzte ich mit einem sehr spitzen Stein in den hinteren Teil eine Kerbe, in die die Stoffsehne passte. Pfeil und Bogen waren fertig. Ich hatte genau einen Versuch. Einen Schuss. Ich musste beim ersten Mal treffen oder den Hirsch aufgeben. Vater schlug die eine Richtung ein, also nahm ich die andere. Nach einigen Minuten der Pirsch sah ich etwas Braunes, das sich langsam hinter einem Busch bewegte. Langsam hob ich meinen Bogen, spannte die Sehne und nahm mein Ziel ins Auge.

Der Pfeil flog wie in Zeitlupe durch ein kleines Loch im sonst dichtbewachsenen Gebüsch. Ein röchelndes Geräusch ertönte. Ich hatte getroffen. Mein Pfeil hatte ins Schwarze getroffen. Wie eigentlich immer. In Ailaghoga nannten mich die Bauerskinder, meine Freunde, mittlerweile spaßeshalber Specht, weil der Vogel mit einem einzigen Schnabelpick ein kleines Insekt aus dem Baumstamm schnappen konnte. Nur mein Vater war nicht begeistert gewesen, als er meine Schwester mich so nennen hörte. Schnell ging ich um den Busch herum und wäre fast einen Abhang hinuntergefallen. Hinter dem Gestrüpp ging es sicherlich fünf Meter in die Tiefe. Da unten lag es. Die Beute des Spechtes. Mein Opfer. Und es war kein Hirsch.

„Mutter! Nein!", rief ich und rutschte zu ihr hinunter. Ihr Puls war nicht zu spüren. Ich hatte sie genau unter der linken Brust getroffen. Ein Volltreffer. „Nein, Gott! Lass sie wieder leben!" Aber Gott erhörte mich nicht. Sie blieb liegen. Außer mir vor Verzweiflung, Angst und Wut begann ich sie auf die Wangen zu schlagen. Irgendwann müsste sie doch erwachen und wieder zu atmen beginnen. „Mutter!! Wach auf! Ich flehe dich an! Ich mach alles, was du willst, bin ein braver Junge und werde der beste Herr von Ailaghoga, den die Welt gesehen hat! Dann baue ich dir eine eigene Kathedrale und ein Schloss mit 100 Pferden und ich bau dir eine ganze Stadt! Und ich werde nie wieder unerlaubt in den Wald gehen und meine Freunde als Untertanen ansehen werde ich auch, wie du und Vater es verlangt! Aber bitte, bitte lass mich nicht alleine! Bitte stirb nicht! Wir brauchen dich doch!!" Schwester tauchte oben auf. „Mutter!", rief sie. Aber auch ihr antwortete sie nicht. Theota wollte nach unten kommen, aber ich war schnell bei meiner Schwester und hielt sie auf. Ich schickte Theota zu Vater zurück, ging noch einmal zu Mutter und deckte sie mit Laub zu. Wenn Theota Mutter so leblos sehen würde, konnte sie wohlmöglich überhaupt nicht mehr schlafen. Leblos! Mutter war tot! Eine innere Stimme schrie mir das immer wieder zu und peinigte mich damit. Du bist schuld! Du bist schuld! Aber die Erkenntnis war trotzdem noch nicht bis zu mir durchgedrungen. Vorsichtig zog ich den Pfeil aus ihrem Leib, riss die Nadel aus dem Stock und webte sie in meinen weißen Rock. Dann legte ich meine Chlamys über den Leichnam und lief zu Vater zurück. Schlechtes Gewissen hin oder her. Nun musste ich erst einmal nach meiner Schwester suchen und für sie da sein. Eine Mutter hatte sie nun nicht mehr. Und Vater versuchte seinen Hass nicht einmal zu verbergen.

„Sohn, wo ist meine Frau?", fragte er verzweifelt. Ich schüttelte den Kopf, um zu zeigen, dass sie nicht mehr lebte.

Er schüttelte ebenfalls den Kopf und begann dann zu weinen. „Nein, du lügst!" Vater schüttelte mich, bis ich ihm meine Hand auf die Schulter legte, weil mir schwindelig wurde. Er blickte mich wütend an. „Wieso hat Gott sich nicht diesen Balg geschnappt?" Vater zeigte auf meine Schwester. „Wo liegt sie?", fragte er und meinte Mutter damit.

„Da unten, in einem Loch. Sie ist den Hang hinabgestürzt und hat sich entweder davor oder danach heftig an einem Baum verletzt. Ein Ast hat sie mitten ins Herz getroffen!", versuchte ich mich möglichst ohne Abweichungen durch diese Geschichte zu manövrieren. Auf keinem Fall durfte er erfahren, was wirklich geschehen war. Vater würde mich eigenhändig lynchen. „Bring mich zu ihr." Noch immer schien er mir entweder nicht zu glauben oder einfach viel zu geschockt, um der Wahrheit ins Auge zu sehen. Da lag sie. Unter meinem Mantel, umgeben von nichts als Wald. Vater rutschte zu ihr hinunter und riss den Chlamys von ihrem Leib. Sie starrte zu ihm auf. Mit ebenso offenen Augen wie offenem Mund.

„Nein!", schrie Vater. „Nein! Nicht du! Das hast du nicht verdient!" Nun war aus seinem Schrei ein lautes, schluchzendes Gebrüll geworden. Dann nahm er ihre erkaltende Hand in seine und sah ihr in die Augen. Ganz leise entfuhr seiner rauen Kehle ein sanftes Lied. Mit einer langsamen, schleppenden Melodie. Ein Schlaflied. Das Schlaflied, dass Mutter immer für mich gesungen hatte. Das Lied handelte von einem kleinen Vogel, der den Ort suchte, an den er hingehörte. Die Melodie war schön und warm. Sie wirkte beruhigender als jedes Lagerfeuer und jedes plätschernde Bächlein. Ich konnte noch so weit weg sein. Wenn ich dieses Lied hörte, war ich zuhause. Tränen verschleierten mir mein Gesicht, als mir bewusstwurde, dass ich das Lied nie wieder hören würde. Das Lied meiner Mutter. Jedenfalls nie wieder aus ihrem Mund und mit ihrer zärtlichen Stimme. Langsam kniete ich nieder, legte meine Hände über die Augen und begann lautlos zu weinen. Von unten ertönten ebenfalls leise Schluchzer. Dann kam mir mein Vater entgegen. Er trug Mutter auf dem Arm und hatte sie wieder mit meiner Chlamys bedeckt.

„Ich nehme dich mit nach Ailaghoga, Katarina. Dort sollst du weilen dürfen. Im Dorf deines Herzens, in deiner Heimat."

Vorsichtig, als könnte er ihr wehtun, hob er sie auf sein eigenes Pferd und stieg selbst hinter ihr auf. Er hielt sie in seinen Armen, als wäre sie noch am Leben und warf mir die Zügel zu. „Führ du das Pferd, mein Sohn", wies er mich leise flüsternd an. In diesem Moment war er scheinbar um Jahre gealtert. So unglaublich erschöpft, dass selbst das Reden ihm zu anstrengend wurde. Meine Schwester hob ich auf mein eigenes Pferd, damit sie nicht allein reiten musste in dieser traurigen Stunde. Sie nahm ihr Tier an den Zügeln, während ich das von Mutter und Vater führte. Theota lehnte sich während des Rittes an meinen

Rücken und hielt mich fest umklammert. Ich spürte, dass sie weinte, auch wenn ich nichts davon hörte. Irgendwann flüsterte sie mir leise zu: „Meinst du, sie kann uns sehen?"

Ich nickte. „Bestimmt."

„Singst du mir ihr Lied vor, Aimo?", flüsterte Theota leise.

Also begann ich langsam Mutters Melodie zu singen. Zuerst war meine Stimme brüchig, dann wurde sie kräftiger. Alle Emotionen legte ich in die Tonfolge. Bald hörte ich, wie auch Theota leise mitsang.

In Ailaghoga angekommen, wurde unsere Mutter durch meinen Vater in unserem Wohnzimmer aufgebahrt, und ihre persönliche Hofdame zog ihr ihr schönstes Kleid an, öffnete ihre Haare und legte ihr Schmuck um den Hals und das Handgelenk. Da lag sie. Das Gesicht eingefallen, die Haut gelblich weiß. Und trotzdem war sie in ihrer Anmut noch immer wunderschön. Meine Augen sahen zu ihrem Brustkorb. Er bewegte sich keinen Millimeter. Und ihre Halsschlagader zuckte auch nicht mehr. Meine Mutter war tot. Wegen mir. Sie hätte noch nicht sterben müssen. Nein. Sie war noch jung. Ich ganz allein war schuld.

Diese Erkenntnis quälte mich wie ein lästiger Schwarm Mücken. Wie ein zähnefletschender Hund verfolgte mich das schlechte Gewissen. Tag und Nacht. Und es kam noch dicker.

Gutshaus Ailaghoga
746 n. Chr.

In meinem Zimmer zog ich die Nadel aus dem Rock. Meine weichen Hände zuckten zusammen, als ich das kalte Metall spürte. Tränen fielen darauf. Meine Tränen. Ich ballte die Hand zu einer Faust, die Nadel bohrte sich in die Haut. Ich schrie nicht auf, denn der Schmerz fühlte sich an wie bittere Ironie, wenn ich an meinen Schuss im Wald dachte.

Entschlossen stand ich auf, warf den Mantel um, zog das Band fest und verließ das Gutshaus. Vor mir tauchten einige Marktstände auf, bei welchen Wolle und Trockenfleisch der verschiedensten Händler feilgeboten wurden. Gleich dahinter hatte des Dorfspanglers Frau einen Tisch aufgebaut, der mit den Kunstwerken ihres Mannes und dessen Lernenden belegt war. Ich trat in die kleine Werkstatt ein. Amaury, der Spangler, sah auf. In der Hand hielt er eine halbfertige Brosche. „Aimo!“, rief er erfreut. „Wie kann ich dir helfen?“

„Diese Brosche ist mir kaputt gegangen. Ich hätte gerne eine neue mit dieser Nadel.“ Ich streckte ihm die Nadel entgegen, die mich das Leben meiner Mutter gekostet hatte. „Falls das möglich ist.“

Amaury betrachtete sie von allen Seiten. „Die Nadel hat zwar nicht mehr die schärfste Spitze, du wirst die nicht einfach in dicke Mäntel hineinbringen. Aber machen lässt sich das sofort“, meinte er.

„Das ist mir egal. Mach das bitte und schreib auf die obere Seite der Brosche die Initialen KVA.“

Der Spangler sah auf. „Sind das die Initialen deiner Mutter?“

Ich nickte, „Katharina von Ailaghoga.“

Der Spangler klopfte mir auf die Schultern. „Mein Beileid. Weißt du schon, wann sie bestattet wird? Ich wäre gerne anwesend. Sie war eine der besten Herrinnen, die Ailaghoga je hatte!“

„Nein, ich weiß nicht, wann die Beerdigung stattfindet. Aber Vater wird es sicher bald bekannt geben.“

Nun war es am Spangler, zu nicken.

Als ich fast aus der Tür war, drehte ich mich nochmals um. „Danke.“

Amaury lächelte und hob die Hand zum Gruß.

Ich merkte schon von weitem, dass etwas nicht stimmte, als ich auf dem Gutshof eintraf. Eine junge Magd, Camilla hieß sie, trat mir langsamen Schrittes und mit gesenktem Kopf entgegen. Ansonsten war sie immer die fröhlichste meiner Freunde hier auf dem Hof.

„Was ist los, Camilla?“, fragte ich sie deshalb.

Als sie zu mir aufblickte, sah ich eine Träne in ihren Augen. „Aimo, Euer Vater…“ Sie sprach nicht weiter.

„Was ist mit meinem Vater?“

„Er ist tot, Aimo. Er hat den Tod Eurer Mutter nicht verkraftet und sich aufgeknöpft.“

„Ist das wahr?“, fragte ich schockiert nach.

Camilla nickte traurig. Meine Muskeln verkrampften sich. Ich ließ mich auf den Boden fallen und hielt die Hände vors Gesicht, um die Tränen zu verbergen. Camilla kniete – gegen meine Erwartung – zu mir nieder und nahm mich in den Arm. Zuerst wollte ich sie wegstoßen, aber die Leibeigene ließ es nicht zu. Sie hatte viel mehr Kraft, als ich ihr zugetraut hätte. Also weinte ich mich an ihrer Schulter aus, bis ich keine Tränen mehr hatte. So kam es, dass ich mit neun Jahren Gutsherr von Ailaghoga war.

Gutshof Ailaghoga
746 n. Chr.

„Beerdigung, Beerdigung! Der Herr und die Herrin von Ailaghoga werden begraben!", rief ein kleiner Junge durch die Gassen.

Die Kirchenglocken riefen die Bewohner zur Abdankung. Die Leibeigenen und Bauern hatten ihre Arbeit frühzeitig beendet und strömten nun von allen Seiten in die große Kirche. Alle waren dunkel gekleidet, die Frauen trugen einen Schleier. Der ganze Flecken schien in tiefe Trauer versunken zu sein. Sie hatten das Herrscherpaar und damit ihre Sicherheit verloren.

Ich schloss bedrückt das Fenster, das gegen den Mittelpunkt des Fleckens und damit gegen die Kirche gerichtet war. Meine Schneiderin steckte mir hinten die Trauerchlamys ab, die meinem Vater gehört hatte. Dann nahm sie sie mir wieder ab und kürzte sie auf allen Seiten. Als sie mir den Umhang umlegte, zog ich aus meiner Tasche die Brosche, die mir der Spangler noch am gleichen Tag vorbeigebracht hatte. Die Schneiderin betrachtete die Nadel, wollte etwas einwenden, aber ich ließ sie mit meinem „Kein-Widerspruch-Blick" verstummen.

Mit einiger Anstrengung steckte sie die Brosche in den Stoff und sagte kein Wort mehr, was mir gerade recht war. Ich konnte die Worte „Mein Beileid" nicht mehr hören, weil sie mich jedes Mal an meine Tat erinnerten. Ich war schuld am Tod meiner Eltern. Beileid hatte ich nicht verdient. Nicht von Menschen, die ihre Zukunft und Sicherheit in die Hand eines neunjährigen Jungen legen mussten.

Der Gottesdienst begann mit einem Trauermarsch, bei dem wir, also meine Schwester, ich und der gesamte Hofstaat, in die Kirche einliefen. Ich hörte die Worte des Pfarrers kaum. Viel zu sehr war ich mit meinem eigenen Gewissen beschäftigt. Erst als ich zum Altar gerufen wurde, nahm ich die vielen Leute wahr. Nicht nur Ailaghoga war anwesend. Es schien, als würde das halbe Pagus Durgaugense teilnehmen. Die Knie begannen mir zu schlottern, als ich sogar Karlmann unter den Leuten entdecken konnte. Er saß in der ersten Reihe. Mein Vater hatte viele Freunde gehabt, das wurde mir erst jetzt klar. Er hatte Ailaghoga zu einem florierenden Ort gemacht, der mit vielen Städten mithalten konnte. Meine Mutter war als Vaters rechte Hand stets an allen Entscheiden beteiligt gewesen und von einer beinahe legendären Klugheit, was sie beim Volk beliebt gemacht hatte.

Ich faltete das Blatt auf, das mir in die Hand gegeben wurde und begann laut zu lesen: „Letzter Wille von Aimo von Ailaghoga I. Mein ganzes Gut und das Herrenhaus soll an Aimo von Ailaghoga II. gehen. Jedoch wird er noch nicht in der Lage sein, mit seinen jungen Jahren zu regieren. Deswegen übergebe ich die Befehlsgewalt direkt an den Hausherrn von Alemannien, Karlmann. Bis zum 15. Geburtstag des Jungen werdet Ihr Ailaghoga regieren. Auf den Tag genau am 15. Geburtstag meines Sohnes, sofern er bereits geheiratet hat, wird ihm der Hof und das Gut unverzüglich und unwiderrufbar übergeben. Er wird die Tochter von Wilhelm III. von Vitudurum heiraten. Der Hofstaat bleibt bis zur Übernahme meines Sohnes unverändert. Bei einem Todesfall wird Aimo über eine Nachfolge entscheiden. Macht weiter wie bisher, gebt nie auf und macht Ailaghoga und mich stolz auf seine Bürger. Denn denkt daran: „Aegreto, dum anima est, spes est. (Für den Kranken besteht Hoffnung, solange er atmet.)“

Die Menge applaudierte und sang: „Requiescat in Pace! (Er ruhe in Frieden!)“

Dann übergab mir der Pfarrer ein weiteres Blatt, das ich wiederum laut vorlas: „Testament von Katherina von Ailaghoga. Meine gesamte Mitgift fällt an meine Tochter Theota. Ebenso alle meine Kleider und mein Schmuck, meine Schuhe und meine Tücher. Das Hochzeitskleid soll an Aimos zukünftige Frau gehen. Mein Sohn, Aimo II., bekommt mein Pferd. Möge es ihm bei seinen wichtigsten Schlachten beistehen. Caritas omnia tolerant! (Liebe vermag alles.)“

Die Trauergemeinde sprach wieder: „Requiescat in Pace!“ Ich ging auf meine Bank zurück und las die Briefe konzentriert nochmals. Vorhin war ich viel zu sehr mit dem korrekten Lesen beschäftigt gewesen. Der faktische König der Franken würde also Ailaghoga bekommen. Und ich hatte in der Zwischenzeit so schnell wie möglich zu heiraten. Jeder wusste, dass die beiden Herren, Pippin III. und speziell Karlmann, alle vernichteten, die sich ihren Interessen in den Weg stellten. Und es lag in deren Interesse, dass ich bis zum 15.Geburtstag nicht heiraten würde, denn dann könnte ich auch die Herrschaft nicht antreten und sie konnten einen eigenen, von ihnen gewählten Herrschenden einsetzen. Einer, der ihnen besser gesinnt war als Vater und ich. Meine mir zugedachte Verlobte hatte ich noch nie gesehen. Mein Vater anscheinend auch nicht, sonst hätte er in seinem Schreiben wenigstens ihren Namen erwähnt. Tief atmete ich durch. Ich wusste, dass ich um Ailaghoga würde kämpfen müssen und versprach mir das Leben der Ailaghoger, der Menschen, die ich durch einen ungeschickten Schuss ins Elend gestürzt hatte, über alles zu stellen. Auch über mein eigenes Leben. Immerhin hatte ich auf diesem Weg bereits ein Pferd an meiner Seite.

Kirche Ailaghoga
746 n. Chr.

Meine Braut sah ganz gut aus. Sie hatte langes, schwarzes Haar und eine schlanke Figur. Ihre Frisur war zu einem Kunstwerk geflochten und das Kleid meiner Mutter sah wunderschön an ihr aus. Jedoch hatte sie keinerlei Ausstrahlung. Keine Freude und schon gar keine Güte. Ihr Gesicht glich dem der Ton Puppe meiner Schwester. Ihre Augen jedoch drückten bare Angst vor dieser Heirat aus. Was zum Glück kaum jemandem außer mir auffallen sollte, denn ihr Gesicht war mit einem Schleier verdeckt und starr nach vorne gerichtet. Der Blumenstrauß mit dem Wappen der Pippiniden ließ uns die Macht nicht vergessen, von der wir beherrscht wurden. Selbst diese Feierlichkeiten waren nicht frei davon. Seit dem Tod meines Vaters waren wir nie mehr frei. Wir Ailaghoger. Und vielleicht war diese aufgezwungene Hochzeit die einzige Möglichkeit, endlich unsere Flügel entfalten zu können. Also lächelte ich meiner Zukünftigen zu, befolgte die Anweisungen des Pfarrers und machte eine Frau zu meiner, die von diesem Moment an vor allem eine Pflicht hatte: anwesend sein. Aber die Verbindung zu Vitudurum würde Ailaghoga guttun. Sehr gut sogar. Die Bauern würden ihre Ware besser verkaufen können, und die Händler würden sich besser untereinander absprechen. Für Barbel, meine Frau, war die Hochzeit viel schlimmer als für mich, musste sie doch von ihrem geliebten Zuhause ausziehen. Auch wenn ich vermutlich eine gute Partie war. Ich hatte viel Geld und ich konnte ihr Sicherheit geben. An ihrem Gesichtsausdruck, der aussah, als würde ich sie lebendig auf die Schlachtbank führen wollen, als ich ihren Arm entgegennahm, schloss ich jedoch, dass ihr mein Geld und mein Ansehen ziemlich egal war. So machte ich ihretwegen gute Miene zum bösen Spiel.

Gegen meine Erwartungen unternahm Karlmann nichts gegen die Hochzeit.

Ich roch faule Eier und blieb auf der Hut. Aber offenbar täuschte ich mich. Karlmann schien sich einen Dreck um Ailaghoga zu kümmern. Er hatte anderes zu tun. Leider erfuhr ich den Grund für seine Bequemlichkeit erst später. Ansonst hätte ich ihm vermutlich einen persönlich verfassten Dankesbrief vorbeigebracht, um ihm zu zeigen, wie außerordentlich dankbar ich war, dass er Ailaghoga vergessen hatte.

Aber wie bereits gesagt, war mir das Ausmaß der Pippinidischen Zerstörung zu diesem Zeitpunkt noch nicht bewusst, weswegen ich mir vor einem warmen Feuer den Kopf darüber zerbrach, wie ich mein Volk vor dem Vergessen retten konnte.

„Dieser verdammte Karlmann!“, fluchte der Herzog von Wila, der mich vor kaum drei Jahren als „kleiner Junge“ bezeichnet hatte.

„Du solltest lieber schweigen, sonst gehst du auch noch drauf“, zischte König Childerich.

Ich setzte mich zu ihnen.

„Aimo von Ailaghoga! Laust mich doch der Affe! Was machst du hier?“, fragte der Herzog.

„Ich brauche deinen Rat, wie ich Karlmann auf Ailaghoga aufmerksam machen kann. Dieser verdammte Idiot lässt uns noch alle verrecken und ich kann nicht einmal was dagegen machen, bis ich nicht fünfzehn bin.

„Passt auf, was Ihr sagt, verdammt!“, fluchte der König. Erst jetzt fiel mir auf, dass wir nur zu dritt waren.

„Wo ist eigentlich Eudo?“, fragte ich erstaunt. Denn der war bei unseren Treffen sonst immer dabei.

„Hast du denn nichts gehört?“, fragte der König verwundert.

„Nein. Wovon?“

„Karlmann hat mit allen alemannischen Adeligen, zumindest fast allen, sauber aufgeräumt. Sie waren ihm im Weg, weil sie gegen ihn und die Macht der Pippiniden rebellierten. Also ließ er die Alemannen, die Rang und Namen hatten, vor Gericht des Hochverrats anklagen. Alle Angeklagten wurden zur Strafe hingerichtet. Dabei hat er schön darauf geachtet, dass er den hiesigen Zuschauern genügend Spektakel bot. Gerüchten zu Folge soll er einigen bei lebendigem Leibe sämtliche Extremitäten abgeschlagen haben, bevor er den übrig geblieben Torso auf dem Scheiterhaufen verbrannte.“

„Ich habe von grausamen neuen Foltermethoden gehört, bei dem einem bei vollständigem Bewusstsein der Kopf abgerissen wird, wenn man nicht vorher schon ab der Wucht ohnmächtig wird“, erwiderte der Herzog von Wila.

Erschrocken riss ich die Augen auf. „Das ist ja schrecklich!“

„Allerdings“, meinte der Herzog. Ich wandte mich an den König und versuchte bei den gesicherten Fakten zu bleiben. „Die Pippiniden haben sich jetzt also alles gesichert? Unsere ganzen Ländereien? Ganz Alemannien?“

Der König nickte und schüttelte gleichzeitig den Kopf. „Eigentlich war das nur eine weitere Machtdemonstration. Die Herrscher waren sie vorher schon. Nun ist es vielleicht offizieller.“ Leise fügte er an: „Ich bin der König und kann nichts gegen sie unternehmen. Ich sitze auf dem Thron und habe keinerlei Macht. Das einzige mächtige, das ich noch besitze, ist mein Name. Nur interessiert der niemand mehr. Sobald mich die Brüder nicht mehr brauchen, werden sie mich absetzen. Und ich kann nichts dagegen tun. Ich bin ihre Marionette! Wenn unsere Vorfahren das sähen! Das Merowingische Geschlecht ist am Boden!“

Das gesamte Frankenreich – später Mitteleuropa genannt – war jetzt also im Besitz der beiden fränkischen, jedoch ungesalbten Königsbrüder. König Childerich, der von Karlmann selbst ins Amt eingesetzt worden war, war ein Spielball der Pippiniden geworden. Ein Adelsgeschlecht, das hunderte von Jahren über die Franken geherrscht hatte, war praktisch machtlos geworden. „Wird man Karlmann nun salben? Spätestens jetzt sollte er doch das Interesse der Kirche geweckt haben.“

„Nein“, lachte der König. „Er hat anderes vor. Ich habe gehört, dass er Alemannien in zwei Teile gliedern will. Aber ob er sich danach salben lässt, das wissen die Hühner. Vorstellen kann ich es mir gut. Wenn er die Salbung hat, braucht er nicht einmal mehr meinen mächtigen Namen.“

Ich blickte zum König und meinte dann: „Ihr müsst euch verstecken. Am besten, Ihr taucht unter. Sonst wird er Euch am Schluss auch noch etwas antun“

„Und wo soll ich auf den Tod warten? Das kann ich auch hier, dazu muss ich mich nicht verstecken.“

Da hatte er leider recht. Wenn König Childerich nicht mehr gebraucht wurde, war er den Pippiniden zumindest auf dem Papier nur noch im Weg. Und man stand den Pippiniden nicht lange im Weg. Fünf Jahre später war König Childerich tot. Der letzte Stein auf dem Weg zur Königsherrschaft der Pippiniden war weggeräumt. Unsere letzte Hoffnung auf eine Rettung vor den Pippiniden dahin.

Dorfplatz Ailaghoga

752 n. Chr.

„Hoch lebe Aimo, unser Herr und König von Ailaghoga!", rief das Volk, während es mich bei einer Prozession durch den Flecken begleitete. Sie trugen mich auf ihren Händen, wie ein Held, der eine Schlacht gewonnen hatte. Vor unserem – meinem – Gutshof, setzten sie mich ab. Die Chlamys schlug mir um die Schenkel, der Wind blies durch die Gassen, die wie in zwei ineinander gestellte Vierecke angelegt worden waren. Ein Gewitter war im Anzug. Ich griff nach meiner Brosche an der Schulter, dankte meinen Eltern, dankte Gott, dass Ailaghoga wieder in meinen Händen war und trat in mein neues, altes Zuhause. Pippin, Karlmanns Bruder, war auch erschienen, aber als die Übergabezeremonie erledigt war, gleich wieder abgereist. Karlmann hatte seine gesamte Macht abgegeben und war ins Kloster eingetreten. Man munkelte, dass das nicht ganz freiwillig geschah, und er von Pippin gedrängt worden war, alles an ihn abzugeben. Danach war Pippin vom echten Papst Zacharias in Rom zum König der Franken gesalbt worden. Die Kirche hatte er schon längst mit dutzenden Schenkungen weichgekocht. Genau genommen eroberte Pippin Landstriche, um sie dann dem Kloster zu verschenken. Aber entweder wusste der Papst davon nichts, oder es war ihm gleichgültig.

Eine Stunde nach der Zeremonie in Ailaghoga feierte ich meine Machtübernahme in der örtlichen Taverne. Meine Frau, der Hofstaat, und Amaury, der Spangler, waren anwesend. Ich hatte beschlossen, den Hofstaat meines Vaters zu behalten. Der Hofstaat kannte die ganze Herrschaft und war viel erfahrener als ich. So konnte er mir weiter als Ratgeber zur Seite stehen. Barbel, meine Frau, saß wie immer stillschweigend am Tisch und betrachtete die anderen Herren im Saal, die alle Bier oder Wein tranken. Ich konnte förmlich ihren Augen ansehen, dass sie sich liebend gerne zu ihnen gesetzt hätte. Ich wusste, dass sie mit mir nicht glücklich war. Aber dafür waren Ehen nicht da, um glücklich zu sein. Sie waren da, um Besitz und Einfluss zu mehren. Trotzdem waren Barbel und ich so etwas wie Freunde geworden. Fast, als wären wir Geschwister.

Wir Männer diskutierten über die Pippiniden.

„Ihr solltet Karlmann etwas zukommen lassen, als Dank für seine Regentschaft während Eurer Unmündigkeit", meinte der Kämmerer.

„Aber er hat nichts für Ailaghoga getan, was nennenswert wäre. Wir waren ihm total egal", erwiderte ich.

„Das ist zwar die Wahrheit, aber nicht das, was er hören will", meinte nun auch der Marschall.

„Ich bin lieber ehrlich und gebe das Geld denen, die es nötig haben."

„Du musst dein Volk beschützten, nicht durchfüttern. Was nützt uns Geld, wenn wir morgen überrannt werden? Die Pippiniden haben wohl ziemlich klar gezeigt, dass sie sich nicht von Alemannen in die Suppe spucken lassen. Du solltest dir Mühe geben, ihnen zu gefallen", fügte Amaury, der Spangler, an. Aber der Küchenmeister hob das Bierglas: „Wisst ihr was? Politisieren können wir morgen. Jetzt wird erst einmal gefeiert!"

Gutshof Ailaghoga

755 n. Chr.

Ich war erst drei Jahre als Herrscher von Ailaghoga eingesetzt, als mich bereits die nächste Schreckensnachricht erreichte: Barbel war todkrank geworden. Kaum eine Woche später musste ich mein drittes Testament verlesen. „Der letzte Wille von Barbel von Ailaghoga. Meine Mitgift und alles, was ich besitze, geht an meinen Mann, Aimo II. von Ailaghoga. Alte nostrum! Alta vitam Ailaghoga! (Hoch lebe unser Herr! Hoch lebe Ailaghoga!)"

Barbel wurde neben dem Grab meiner Eltern und den anderen Herrschern von Ailaghoga beigesetzt. Es war das erste Mal, dass ich an einem Tod nicht schuld war, der in meinem nächsten Umfeld geschehen war. Ich war traurig. Barbel war mir ans Herz gewachsen. Ich hatte sie nie geliebt, aber sie war mir wie eine beste Freundin gewesen. Sie war die Einzige gewesen, die uneingeschränkt zu mir gehalten hatte und mich dabei unterstützte, das Beste für uns und Ailaghoga zu tun. Außerdem musste ich mich nun nach einer anderen Frau umsehen. Denn Barbel hatte Ailaghoga noch keinen Erben geschenkt. Dies musste nun eine andere Frau für sie nachholen. Nach der Bestattung, die deutlich weniger Leute anzog als das Begräbnis von Vater und Mutter, trat ich in die kalte Dezembernacht. Es war kurz vor Weihnachten. Plötzlich verspürte ich ein Verlangen, dem Weihnachtsgottesdienst in Sankt Gallen beizuwohnen. Kurzerhand sattelte ich mein Pferd und ritt los. Meine Schwester hatte sich entschlossen, mit mir zu reiten. Ein bisschen Klosterluft würde ihr nicht schlecht tun. Außerdem wollte sie auch wieder einmal weg von Ailaghoga. Barbel und sich hatten sich sehr gut verstanden und waren immer ein Herz und eine Seele gewesen. Irgendwie schien es mir, als hätte meine Schwester einen Zugang zu Barbel gefunden, den ich mein ganzes Leben lang nicht gefunden hatte. In Wila kehrte ich wieder in meine Stammkneipe ein. Und da saß auch mein Kollege. „Aimo!", rief der Herzog

schon von weitem. „Du sollst doch nicht herumreisen. Die Pippiniden wagen vielleicht nicht, in Ailaghoga etwas gegen dich
zu unternehmen. Aber hier draußen …“

„Ich werde mich nicht verstecken.“

„Der Letzte, der das gesagt hat, König Childerich, hat mit
dem Leben dafür bezahlt.“

„Pippin hat keinen Grund, mir etwas zu leide zu tun.“

Der Adlige lächelte ironisch, sagte aber nichts, schließlich
waren wir in Gesellschaft einer Dame. Ihr wollten wir keine
Angst einjagen. Und solange Pippin nicht erfuhr, dass ich ihm
nicht gutgesinnt war, ging von ihm wirklich keine Gefahr aus.
Als der Herzog von unserm Ziel erfuhr, wollte er uns begleiten.
Er wolle wieder einmal von Wila wegkommen, meinte er. Bis
Sankt Gallen ging es also zu dritt weiter. Wir ritten durch. Ohne
Pause, ohne Rast. Am Abend fielen wir hundemüde in die Betten der Klosterherberge. Man merkte den sozialen und hygie-
nischen Fortschritt schon an den Plumpsklos, ohne Austritt ins
Freie, irgendein neumodischer Furz auf den das Kloster wahnsinnig stolz war. Das Geschäft fiel direkt in eine Grube. Als ob
wir keine größeren Probleme zu lösen hatten als die Fallrichtung
unserer Ausscheidungen. Das Geld für den Bau hatte das Kloster aus Schenkungen, also von Adeligen, die dem Kloster ihren
ganzen Besitz, und das waren zum Teil ganze Flecken, abtraten.
Ich fragte mich, wer und vor allem warum jemand so etwas machen sollte. Schließlich hatte man als Herr eine gewisse Verantwortung gegenüber seinem Volk, und es mitsamt deren Besitz zu
verschenken, schien mir nicht unbedingt gerade der beste Weg,
diese Verantwortung wahrzunehmen.

Nach dem Gottesdienst suchte ich „Papst“ Zacharias auf, den
ich zwar unter den Gläubigen bemerkt, der jedoch nicht selbst
die Messe gelesen hatte. Ich wollte ihn fragen, ob es vielleicht
möglich wäre, die Gräber meiner verstorbenen Angehörigen
zu segnen. Was nicht nur für deren Seelenwohl, sondern auch
für Ailaghoga positive Auswirkungen haben würde, denn viele
Leute würden sich treffen und auf dem Markt einkaufen. Aber
ich verlor ihn bei den vielen Leuten aus den Augen. Schwester

Barbara, wie sie sich vorstellte, brachte mich schließlich zu ihm und erklärte mir: „Zacharias ist nicht mehr Priester. Er wollte nicht mehr in einer Kirche leben, die Massenmörder in ihre Gemeinschaft aufnimmt, als seien sie verlorene Schafe. Also hat er seinen Beruf an den Nagel gehängt."

„Und was macht er hier, wenn er nichts mehr mit der Kirche zu tun haben will? Dies ist schließlich ein Kloster."

„Zacharias ist nun der neue Bierbrauer geworden. So kann er die Nähe zu Gott wahren, auch wenn er der Kirche nicht mehr dient."

„Das glaube ich erst, wenn ich's sehe", meinte ich, worauf Schwester Barbara lachte.

„Ich hab's erst auch nicht glauben wollen. Aber er macht sich sehr gut als Brauer."

Und tatsächlich. Priester Zacharias war zum Bierbrauer Zach geworden. Als ich ihn nun genauer betrachtete, erkannte ich die Ähnlichkeit. Nun ahnte ich, was er und meine Mutter damals getrieben hatten. Mein Vater hatte meine Schwester stehts „Teufels Kindchen" oder „Bankert" genannt. Und es hatte einen Grund. Denn meine Schwester war die Tochter des Priesters.

„Was hast du getan?!", schrie ich Zach zur Begrüßung an. „Meine Mutter wird in der Hölle schmoren, nur weil du dich nicht zusammenreißen konntest! Und du willst ein Priester gewesen sein? Du willst uns sagen, was wir zu tun haben? Das ist ein Witz, du bist ein Witz! Scher dich zum Teufel! Denn dahin hast du meine Mutter verbannt!"

Zach war ruhig und hörte sich meinen Wutanfall an, ohne sich zu verteidigen.

Dann flüsterte er langsam: „Katharina und ich haben uns geliebt"

„Und das erklärt jetzt alles, oder was?!", schrie ich weiter. „Liebe bedeutet nichts. Das ist ein Gefühl, ein vorübergehendes Begehren. Ehen zählen. Und während meine Mutter mit meinem Vater verheiratet war, warst du es mit Gott, und trotzdem konntest du dich nicht zusammenreißen?! Schäm dich und bete für meine Mutter!"

„Aimo, du hast recht, ich habe einen Fehler gemacht. Aber du hast keine Ahnung, was du über die Liebe sagst. Das ist kein vorübergehendes Begehren. Liebe ist das Verlangen, mit einem Menschen sein gesamtes Leben zu teilen. In guten und schlechten Zeiten. Liebe ist ein Versprechen, einander nie aufzugeben und Liebe ist der Wunsch, mit einem Menschen alt zu werden. Nein, Aimo. Ehen sind dafür da, um den Besitz zu mehren. Aber die Liebe ist mehr. Viel mehr. Und ich wünsche dir von ganzem Herzen, dass du irgendwann erfahren darfst, was Liebe bedeutet. Dass du das erleben kannst, was deine Mutter und ich wenigstens ein halbes Jahr teilen durften. Und ich hoffe, dass du dann nicht nur mir, sondern auch deiner Mutter verzeihen und uns verstehen kannst." Damit drehte er sich um und kehrte wieder in seine Brauerei zurück, während er mich mit ganz vielen offenen Fragen stehen liess.

Wieder zurück in Wila, traf ich mich mit dem Herzog. „Eine Schenkung wäre doch gar nicht so schlecht. Denk mal an all die Vorteile, die sie bringen würde. Ailaghoga wäre die Pippiniden los und als solche eine kleine Insel im Elend. Wer weiß, vielleicht gewinnt dein Flecken dadurch an Ansehen. Du müsstest keine neue Ehe mehr eingehen und wärst von der Pflicht befreit, einen Erben zu zeugen. Und die Pippiniden wären wenigstes in unserer Gegend ein bisschen in die Schranken gewiesen, wenn Ailaghoga dem Kloster gehörte. Was spricht denn dagegen?", fragte der Herzog von Wila mich.

„Zum Beispiel, dass ich Ailaghoga und seine Bewohner an Menschen abgebe, die sich lieber hinter den Mauern eines Klosters verbergen, als der Welt ins Auge zu blicken. Die Mönche würden den Flecken verwalten, nicht weiterbringen. Wir würden den größten Handelsmarkt der Gegend an Vitudurum abgegeben müssen. Ailaghoga wurde immer weitergegeben. Von Vater zu Sohn. Und nun soll ich das einfach aufgeben? Soll ich mein Volk einem Papst überlassen, der einen Massenmörder zum König gekrönt hat?"

„Pippin III. hat nichts mit den Massenmorden zu tun. Das war sein Bruder Karlmann. Und du gibst Ailaghoga sowieso nicht dem Papst, sondern in die Hände Gottes. Vielleicht werden dir dann auch deine Sünden vergeben."

Wusste er von Mutters Tod?

„Wir haben alle so unsere, nicht wahr?», meinte der Herzog. Was ich mit einem erleichterten Lächeln quittierte. Schien nicht der Fall zu sein, dass er wusste, dass er ebenfalls mit einem Mörder zusammensaß. „Gerade gestern habe ich eines dieser neuen Spelunken in Wila aufgesucht. Das Mädchen war richtig gut. Danach war ich tiefentspannt und konnte mich wieder angemessen um meine Geschäfte kümmern. Trotzdem war es ein Fehler und ich habe gebeichtet. Stell dir vor, was möglich wäre, wenn du nicht mehr beichten müsstest, weil du dein ganzes Gut verschenkt hast. Das wäre so etwas wie eine Absolution."

„Ich werde es mir überlegen", antwortete ich wenig begeistert. Ich würde keinen weiteren Gedanken daran verschwenden, Ailaghoga freiwillig abzugeben. Absolution hin oder her.

Meine Schwester war es, die mich wieder mit der Schenkung konfrontierte. „Aber Aimo, Mutter und ich, wir werden in der Hölle schmoren. Sie wird ihren Frieden nie finden. Du weißt, was mit einer Frau geschieht, die Ehebruch begeht. Und dann noch mit einem Priester. Nur schon ihretwillen solltest du zustimmen."

„Mutter hat ihn geliebt. Das ist keine Sünde."

„Der Pfarrer hat gesagt …"

„Ich höre nur auf Gott, meinen Hofstaat und mein Bauchgefühl. Alles andere hat keine Bedeutung für mich."

Ailaghoga war ganz und gar nicht einverstanden mit der Idee meiner Schwester und des Herzogs. Als ich Amaury vom Vorschlag berichtete, Ailaghoga dem Kloster zu schenken, blickte er mich stirnrunzelnd an: „Du überlegst dir eine Schenkung doch nicht ernsthaft?" Als wollte er sich vergewissern, dass ich richtig tickte.

„Ich tu es, um meine Mutter, Vater und Theota von den Sünden zu befreien. Außerdem wäre Ailaghoga in Sicherheit, wenn nicht das ständige Risiko besteht, dass meine untreue Sicht gegenüber den Pippiniden aufgedeckt werden könnte."

„Dieser Pippin III. scheint mir an Ailaghoga aber nicht interessiert. Außerdem hast du doch selbst gesagt, dass Pippin nicht annähernd so schlimm ist wie sein Bruder Karlmann."

Ich nickte. Karlmann hatte die Morde an den Alemannen veranlasst, nicht Pippin.

„Du machst dir sofort keine Gedanken mehr über eine Schenkung, Aimo. Wir wollen einen vernünftigen und ehrlichen Herrn. Nicht die Kirche. Wir wollen dich. Nur dich, Aimo II von Ailaghoga."

Aber ein Gedanke ging mir nicht wieder aus dem Kopf: Was, wenn meine Mutter da unten in der Hölle schmorrte, und ich nicht nur schuld war, sondern auch nichts dagegen unternahm? Und wer sagte denn, dass die Kirche wirklich so schlecht wirtschaftete? Schließlich hatte das Kloster in den letzten Jahren mehr expandiert als alle Adelsgeschlechter der Gegend zusammen. Ausgenommen das der Pippiniden. Aus einem Bauernkaff wurde die große, Klosterstadt Sankt Gallen. Die Frage war, was wichtiger war: Ailaghogas Sicherheit oder die Verdrängung der Pippiniden. Eine weitere Schenkung ans Kloster konnte dabei eine Rolle spielen. Der Klosterbesitz würde in unserer Gegend größer werden als die Fränkische Herrschaft. Vielleicht konnten wir die Pippiniden wenigstens in unserer Heimat ein bisschen in die Schranken weisen. Und plötzlich erkannte ich, dass wir alten Adelsgeschlechter nach der Ermordung von König Childerich eine zweite Hoffnung hatten: die Hoffnung auf die Pfaffen und das Kloster Sankt Gallen. Immer wieder ging ich die Vor- und Nachteile durch. Das Problem war, dass ich niemanden mehr an meiner Seite hatte, der die Schenkung nüchtern betrachtete. Jeder verdammte oder pries sie entsprechend seines Blickwinkels. Das konnte ich niemandem verübeln. Es wäre eine große Entscheidung, und ich hatte sie schlussendlich ja doch allein zu tragen. In Gedanken versunken, griff ich nach einem Mantel und trat ins Freie. Ich registrierte gar nicht, wo ich hinging. Bemerkte den Schnee nicht, der unter meinen Füssen laut knirschte und wäre beinahe in die Wand eines Hauses gedonnert, bevor ich endlich aufsah und meine Umgebung wahrnahm. Ich war vor Camillas Hütte gelandet, die mittlerweile nicht nur geheiratet hatte, sondern auch Mutter geworden war. Sie trat aus dem Haus, bevor ich anklopfen konnte. „Aimo! Was macht Ihr denn hier? Hab' Euch schon lange nicht mehr gesehen. Kommt doch herein", rief sie aus und geleitete mich in ihr einfaches Haus. „Wie geht es Euch?", fragte sie aufgeregt.

„Bleiben wir doch beim du, Camilla. Aber mir geht es sehr gut, ich bin nur ein bisschen …"

„… müde", vervollständigte sie. „Und was ist wirklich?" Sie schien mir meine Standardantwort für jede ‚Wie-geht-es-dir-Frage' nicht abzukaufen. Vielleicht würde sie mich ja sogar verstehen. Sie hatte in ihren jungen Jahren bereits viel durchgemacht. Vielleicht war sie die Einzige, die die Schenkung nüchtern betrachtete. Außerdem hatte sie ganz schön viel Grips. Also erzählte ich ihr alles. Meine Schuld an Mutters Tod und an Vaters Selbstmord, weiter von der Angst meiner Schwester, Mutter würde in der Hölle braten. Von der Idee des Herzogs und von Amaurys Bedenken bezüglich der Schenkung.

Sie saß die ganze Erzählung über ruhig da und unterbrach mich nicht einmal. Als ich geendet hatte, stand sie auf und ging zum Fenster. Einen Moment betrachtete sie den Flecken, den man von hier aus in seiner ganzen Pracht sehen konnte. „Das ist in der Tat nicht ganz einfach“, meinte sie und drehte sich wieder zu mir um. „Ich würde Ailaghoga nicht verschenken.“

„Wieso?“

„Deine Mutter hat einen Fehler gemacht. Wenn Gott ihr verzeihen will, dann hat er das längst getan. Und deine Schwester kann nichts dafür, dass sie unehelich ist. Du bist geboren, um Ailaghoga zu regieren. Und du machst das großartig. Pippin wird dich sicher nicht überrennen. Wir gehören ihm ja bereits. Wieso sollte er dich auswechseln, einen der fähigsten Verwalter, den er finden kann? Sicher bist du nicht sein größter Fan, aber es scheint nicht so, als würde Pippin sich deswegen Sorgen machen. Sonst hätte er längst was unternommen. Du tust ihm ja nichts. Ich verstehe nicht, was er mehr wollen sollte als einen fähigen Verwalter für seine Ländereien.“

Gutshof Ailaghoga
759 n. Chr.

Das Thema Schenkung war für eine ganze Weile vom Tisch. Bis ein Geistlicher nach Ailaghoga kam. Ilteri. „Aimo", rief er. „Wie schön, dich kennenzulernen."

„Seid gegrüßt?"

„Ich bin Ilteri und ein Gesandter Mönch vom Kloster Sankt Gallen."

„Guten Tag. Wie kann ich Euch helfen?"

„Das besprechen wir am besten bei einem Gläschen Wein in der Taverne."

Ich führte ihn also in die Taverne, wo sich der Pfaffe erst einmal volllaufen ließ. Langsam wurde ich ungeduldig. Was wollte Sankt Gallen denn nun?

„Nun, ich denke, dich interessiert es brennend, worum ich im Auftrag des Klosters nach Ailaghoga gereist bin?"

„Tatsächlich."

„Pippin schlägt euch einen Deal vor: Ihr, Aimo von Ailaghoga II., könnt Ailaghoga dem Kloster als Schenkung überlassen und Ailaghoga für ein schönes Stück Land im sonnigen Zürichgau austauschen."

„Oder? Was ist meine Alternative?"

„Oder Ailaghoga wird gewaltsam übernommen und dann ans Kloster verschenkt." Er lachte erstaunlich dunkel für einen erleuchteten Mönchen.

„Ich dachte, ihr seid Geistlicher und kein Überbringer von Erpressungen?"

„Man muss mit der Zeit gehen", meinte der Pfaffe. Ich schüttelte den Kopf. Eigentlich hatte ich keine Wahl. Pippin hatte die Macht. Er musste nur einen Finger rühren, um Ailaghoga in Schutt und Asche zu legen. „Ich stimme zu. Ich verschenke Ailaghoga ans Kloster Sankt Gallen."

„Sehr gute Entscheidung. Ich werde das dem Abt ausrichten. Dann komm ich wieder zurück mit Stift und Papyrus. Ich muss Ailaghoga auf den Zentimeter genau ausmessen. Aber ich denke, auf diesen Entscheid trinken wir erst ein Gläschen Wein?"

„Ich muss was erledigen. Trinkt ohne mich."

„Das geht aufs Haus, nehme ich an?"

„Selbstverständlich", knurrte ich.

„Gut, dann bitte zwei Gläser für mich, Fräulein."

Kaum zwei Wochen später erreichte mich ein Brief aus dem Kloster, Ilteri würde in ein paar Tagen Ailaghoga erreichen. Der Bote des Klosters war, im Gegensatz zum Geistlichen, beritten. Wie jeder normale Mensch, der solch eine Strecke zurückzulegen hatte. Ilteri dagegen schien eine Art Pferdephobie zu haben.

„Ich werde … Ailaghoga … in den nächsten Tagen … ausmessen", keuchte Ilteri, als er eintraf. „Den ailaghogischen Streckenabschnitt der Straße Sankt Gallen-Ailaghoga müsst ihr auf jeden … Fall herrichten … Der ist eine Katastrophe!"

„Normalerweise benützt man für diese Distanz auch ein Pferd", bemerkte ich bissig. Der Geistliche quittierte den Spott mit einem bösen Blick.

„Wann soll denn die Straße fertig sein?", fragte ich.

„In zwei Monaten.»

„In zwei Monaten? Seid Ihr von allen guten Geistern verlassen? Soll ich zaubern?"

„Nein, arbeiten. Los, los! Mach dich an die Arbeit!"

Ich schüttelte den Kopf. Das war doch nicht sein Ernst! Das war Wahnsinn. Absoluter Wahnsinn. In dieser Zeit konnte ich vielleicht gerade einmal die Steine und die notwendigen Arbeiter für diese Straße auftreiben. Aber sie zu bauen würde viel länger dauern.

„Nun, wie stehts? Soll ich dem Abt deine Widerborstigkeit gleich melden?"

„Ich lasse Eurem Abt einen Brief zukommen. Ich glaube kaum, dass Ihr so mit mir umzuspringen habt."

„Gewöhn dich lieber dran. Entweder du gehorchst dem Kloster, oder du und dein Dorf werdet untergehen. Ganz einfach."

Also trommelte ich alle Männer, Jung und Alt, zusammen. Natürlich war ich mir bewusst, was ich Ailaghoga und vor allem den Frauen antat, als ich ihnen nicht nur ihre Ehemänner, sondern auch noch ihre Söhne wegnahm. Aber es war die einzige Chance, Ailaghoga zu beschützten.

Gutshofplatz Ailaghoga
760 n. Chr.

Ailaghoga hatte genug. Bauern und Leibeigene rebellierten, leerten Keller – konnten die Beute aber nicht in Sicherheit bringen. Die Geistlichen hatten mich alarmiert. Eleonore, eine junge Leibeigene und ihr Ehemann Hubertus, schienen mir von allen die Entschlossensten. Ich stellte Eleonore und schickte sie in den Keller, um das Diebesgut zurückzubringen.

Ich konnte mir vorstellen, was gerade in ihrem Kopf abging. Die Kammern der Taverne waren vollgestopft mit Essen, während die Leute beinahe verhungerten. Nur, was konnte ich dagegen tun? Ilteri hatte gefordert, dass für die Geistlichen immer genügend Speis und Trank vorrätig sein musste, wenn sie nach Ailaghoga kamen. Wenn sie gut gelaunt waren, leerten sie solch einen Keller in zwei Wochen. Und Ilteri war mit seinen Ausmessungen schon über zwei Monate beschäftigt. Ich bewunderte die Energie der Frauen, die immer noch vor der Taverne standen und rebellierten. Obwohl ich wusste, dass die Aktion gegen mich gerichtet war, war ich beinahe stolz auf meine tapferen Einwohner. Nur eine verletzte mich tief: Camilla. Ihr Blick drückte Verachtung aus, als wäre ich ein Aas. Und sie hatte alles Recht dazu. Aber ich wollte ihr alles erklären. Ihr zeigen, dass ich keine Schuld an den Unruhen und dem Hunger in Ailaghoga trug. Sie konnte mir vielleicht helfen. Also nahm ich sie nach dem Ende der Plünderungen unter dem Vorwand, ich bräuchte eine Reisebegleitung, mit nach Sankt Gallen. Ilteri hatte mich zu dieser Reise gezwungen. Es gab wegen der Schenkung noch verschiedenes zu besprechen. Ich sattelte absichtlich nur ein Pferd, hievte Camilla drauf, setzte mich in den Sattel und legte mir ihre Hände um meine Hüfte. Ilteri folgte wie immer zu Fuß. So ritten wir eine Weile schweigend neben Ilteri her. Aber als wir in den Wald eintauchten, feuerte ich mein Pferd an.

Ilteri rief uns etwas nach, aber ich ignorierte ihn einfach. Sollte er stänkern. Camilla legte ihren Kopf auf meinen Rücken und schien meine Nähe zu genießen. Ein Gefühl der Wärme schoss durch meinen Körper und berührte mich an Stellen meines Körpers, bei denen es beim Reiten nicht gerade vorteilhaft war, wenn sie sich meldeten. „Hör zu, ich wollte diese Schenkung nicht. Pippin hat mich erpresst", begann ich leise. Ich wollte das Thema vom Tisch haben.

„Womit hat er dich erpresst?"

„Entweder ich verschenke Ailaghoga freiwillig oder der Flecken wird durch Pippin verschenkt."

Camilla setze sich wieder gerade hin. Dann meinte sie: „Ach wirklich?"

„Ja. Dann hat er uns im Namen des Klosters den Bau der Straße aufgezwungen und …"

„Und du hast das geglaubt? Ich dachte, du seist ein kluger Mann. Da habe ich mich anscheinend getäuscht."

Ich stockte erstaunt. „Wieso soll ich dem Kloster nicht glauben?"

„Aimo. Überleg doch mal: Wieso sollte Pippin alles in seiner Macht Stehende tun, um Ailaghoga ans Kloster Sankt Gallen zu verschenken?"

„Weil er das Kloster Sankt Gallen für sich gewinnen will. Mehrere alemannische Adelige, die nicht hinter den Pippiniden stehen, haben in letzter Zeit ihr ganzes Hab und Gut dem Kloster verschenkt. So wollen sie die Macht der Pippiniden wenigstens in unserer Gegend klein halten. Er hat sich das Kloster Sankt Gallen ohne es zu wollen zum Feind gemacht. Wenn er das Kloster mit einer Schenkung, zum Beispiel mit Ailaghoga, kaufen könnte, würde das Kloster vielleicht mit den Pippiniden zusammenspannen und auf irgendeinen Weg dafür sorgen, dass die vielen Schenkungen ans Kloster aufhören. Oder, das Kloster könnte als Gegenzug die Flecken durch die Pippiniden bewirtschaften lassen."

„Das erklärt noch lange nicht, wieso er nicht zuerst in friedlicher Absicht gekommen ist. Und das erklärt auch nicht, wieso der Frankenkönig solch ein Büro aufmachen sollte, nur um das

Kloster Sankt Gallen zu kriegen. Klar, sie haben in unserer Gegend viel Einfluss, die Pfaffen. Aber der ist Herrscher über das Frankenland. Ich denke, er verwendet seine Zeit lieber, um größere Ländereien zu erobern, die ihm wirklich etwas bringen. Ihr Männer wollt nur nicht einsehen, wie absolut egal dem Frankenkönig der Pagus Durgaugense ist." Sie hatte vermutlich recht. Auch wenn es mich ziemlich kränkte. Aber vielleicht hatte sie tatsächlich recht. Eine Frage blieb jedoch noch: „Wenn es nicht Pippin war, der uns erpresst hat, von wem wurde Ilteri dann gesandt?", fragte ich und hätte mich am liebsten vom Pferd gestürzt, als ich bemerkte, was wirklich geschehen war. Leise flüsterte ich: „Vom Abt. Vom Abt des Klosters Sankt Gallen."

Camilla nickte. „Sehr gut möglich. Schließlich könnten sie ganz schön von Ailaghoga profitieren. Zentral gelegen und mit sehr guten Verbindungen in den gesamten Pagus." „Und was machen wir nun?"

„Bin ich Aimo, oder du? Du solltest wissen, was für deinen Flecken das Beste ist", antwortete Camilla ruhig.

„Ich werde Ailaghoga nicht verschenken."

„Gute Entscheidung."

„Und ich werde nach Sankt Gallen gehen, und das dem Kloster mitteilen."

Camilla schmiegte sich wieder an mich. „Du bist doch ein kluger Mann, ich wusste es doch."

Froh darüber, dass Thema abgehackt und mich mit Camilla versöhnt zu haben, gab ich dem Pferd die Sporen, so dass uns der Reitwind um die Ohren zischte. Auch dieses Mal ritt ich über Wila. Und wir machten wieder Halt in der örtlichen Taverne. Aber dieses Mal waren wir allein. Nur ein paar Geistliche, die die Gaben des Gottesdienstes versoffen und ein paar Adlige, die wieder einmal Abstand von ihren Weibern brauchten, ließen den Alkohol fließen. Aber vom Herzog von Wila war nichts zu sehen. Eine beklemmende Kälte zog sich durch meine Glieder, als ich dieses Bild betrachtete. Was war mit ihm geschehen? Ging es ihm gesundheitlich nicht gut? Hatte er Probleme? War er etwa aufgedeckt worden? War Pippin doch nicht so harmlos, wie wir alle vermutet hatten? Camilla schien mein Unbehagen zu bemerken und versuchte, beruhigend auf mich einzureden. Vielleicht wäre er heute auch einfach zu müde gewesen, um in die Taverne zu kommen. Oder sie würden in Wila eine Feier abhalten. Die Tochter des Herzogs heirate möglicherweise, vermutete Camilla. Leider beruhigte mich das nicht gerade, da ich genau wusste, dass die Tochter bereits verheiratet war, der Herzog noch absolut nie zu müde gewesen war, um die paar Schritte in seine Schenke zu schaffen und dass wir eine Feier aus dieser Distanz garantiert hören würden. So gut wie irgendwie möglich hielten wir uns also abseits und gingen früh hoch in die Schlafzimmer der Taverne, die mittlerweile immer für mich reserviert waren.

„Nein Aimo. Ich kann und will das nicht", flüsterte Camilla. „Es tut mir leid."

An diesem Morgen hatte ich sie gefragt, ob sie sich vorstellen könnte, mit mir zusammen zu leben. „Du lügst. Du willst sehr wohl. Ich seh's doch in deinen Augen!"

„Ich habe vier Kinder und ich bin schwanger, Aimo. Was denkst du, was mit mir und meinen Kindern geschieht, wenn ich mit dir zusammenlebe? Von meinem Mann trennen … Wie stellst du dir das vor? Ich kann mich nicht trennen, ich bin verheiratet. Noch dazu bin ich eine Frau! Mein Mann wird mich sicher nicht gehen lassen"

„Und ich bin Aimo! Wenn dein Mann dich nicht gehen lässt, kann er was erleben!"

„Dein Ruf wäre ruiniert, wenn du dich mitten Ailaghoga wegen eines Weibs prügelst."

„Ach ja?"

„Ja. Du würdest zum Gespött des Frankenlandes. Niemand würde dich mehr ernst nehmen, und regieren könntest du nicht mehr. Sie würden ihre Späße mit dir treiben. Aimo, damit zerstören wir nicht nur unser eigenes, sondern vor allem auch das Leben deiner Untertanen. Unser Flecken lebt vom Handel. Vom Verkehr. Als Hauptachse der Region sind wir wichtig. Wir dürfen uns solch einen Skandal nicht leisten. Es tut mir leid. Aber Liebe hat in diesem Land keinen Platz. Ehen und Freundschaft, darauf kannst du zählen. Aber Liebe …"

„Ich wünschte, du lägest falsch."

„Ich auch." Zwischen Panik, vor dem was gleich passieren würde, Enttäuschung darüber, dass ich nicht um sie kämpfen konnte und Wut über diese ganzen beschissenen Regeln, umarmte ich sie fest. Meine Gefühle schienen mir den Atem zu rauben und ich war unfähig, etwas dagegen zu machen, dass sie sich unter Tränen von mir wegdrehte, mir ein letztes trauriges Lächeln schenkte und auf das Kloster zu marschierte. In Richtung Sankt Gallen. An einen Ort, an dem sie sich wahrscheinlich Vergebung erhoffte. Und ich wünschte sie ihr von ganzem Herzen. Andererseits hätte ich sie am liebsten verflucht, weil sie mich, Aimo, zu solch einem Trottel gemacht hatte. Unfähig zu denken und Herr meines Körpers und meiner Gefühle zu sein. Zacharius kam mir in den Sinn. Wurde sein Wunsch, den er im Kloster ausgesprochen hatte, gerade wahr? Hatte ich mich tatsächlich verliebt? Und dann noch in ein Mädchen, dem ich nie hätte verfallen dürfen?

Kloster Sankt Gallen
760 n. Chr.

Der Abt erwartete mich schon mit offenen Armen. „Aimo, mein Junge! Wie schön, dass wir uns einigen konnten."

„Ich werde Ailaghoga nicht verschenken."

„Bitte?"

„Ich werde Ailaghoga nicht verschenken", wiederholte ich.

„Natürlich wirst du. Es sei denn, dein Seelenwohl ist dir vollkommen egal."

„Wieso mein Seelenwohl?"

„Denk mal scharf nach. So an ungefähr vierzehn Jahre zurück. Einen Jagdausflug im herrlichen Wila."

„Tut mir leid, ich weiß nicht, wovon Ihr sprecht."

„Nicht? Das ist aber schade. Denn dann muss ich dich festnehmen. Wegen Mordes an deiner Mutter. Wenn du dann erstmal erhängt worden bist, werden wir sicher einen geeigneteren Herrscher für Ailaghoga finden. Natürlich ginge Ailaghoga dann ans Kloster. Quasi als Wiedergutmachung."

„Und wenn ich gestehe?"

„Nun, dann werden wir dein Verbrechen unter den Teppich kehren, und du darfst die Schenkung selber an die Hand nehmen."

„Wieso macht Ihr eigentlich so ein Ding aus meiner Schenkung, dass Ihr mehrmals gegen Eure klösterlichen Prinzipien verstößt und mich sogar erpresst?"

„Ailaghoga ist für uns von äußerstem Nutzen. Deine Eltern und du selbst, haben in euren Amtszeiten sehr viel Anerkennung erworben. Ailaghoga ist ein Knotenpunkt. Wenn man die Straßen nach Sankt Gallen noch ausbaut, entsteht zwischen Ailaghoga und Sankt Gallen eine Hauptverkehrsachse."

Ich schüttelte den Kopf. Die Frage war, wie weit der Abt gehen würde, wenn ich nicht gestand. „Von wem habt Ihr diese Lügen überhaupt?"

„Von einem deiner Freunde: dem Herzog von Wila."

Hatte er mich verraten? Er hatte also doch die ganze Zeit davon gewusst? „Ihr seid wirklich nicht fähig. Wenn Ihr Eure Gefangenen schon erpresst, dann schaut wenigstens, dass sie die Wahrheit sagen. Meine Mutter ermordet? Euer Ernst? Wieso sollte ich das tun? Sie hatte ein hohes Ansehen. Durch sie hat Ailaghoga seine Grenzen begradigt und mehr Einfluss gewonnen. Wieso also sollte ich sie umbringen? Für mich war ihr Leben von größerem Nutzen als ihr Tod.“

Der Abt schien zu überlegen. „Es muss ja nicht absichtlich gewesen sein. Ein Unfall. Beim Jagen passiert solches schon einmal.“

„Ein Unfall? Per Zufall meiner Mutter einen Pfeil in die Brust jagen? Für wie blöd haltet Ihr mich eigentlich?“ Zur Demonstration nahm ich meinen Bogen ab, den ich wie immer um meine Schultern trug, zielte und schoss einem gerade reinkommenden Adligen die Brosche von der Schulter. Seine Chlamys fiel auf den Boden, und der Adlige applaudierte begeistert. Ich verbeugte mich theatralisch und wendete mich wieder dem Pfaffen zu.

„Nicht schlecht. Aber sagt einmal, woher wusstet ihr vom Pfeil in der Brust eurer Mutter?“

„Ihr habt gesagt, der angebliche Unfall soll bei einem Jagdausflug geschehen sein. Da schießt man meist mit Pfeilen, nicht wahr?“

„Aber um jemanden genau in die Brust zu treffen, braucht man schon ein gutes Händchen. Und das habt Ihr uns gerade bewiesen. Wachen, nehmt ihn fest!“

„Das ist eine Lüge! Ich habe meine Mutter nicht umgebracht!“, schrie ich. Aber die Wachen des Klosters kannten keine Gnade.

Sie schleppten mich in die Folterkammer. Dort wurden meine Füße auf der Streckbank gefesselt und am Handhebelrad meine Hände festgebunden. Ich dachte, ich müsse sterben, als mir sämtliche Knochen durch den Zug ausgekugelt und die Muskeln bis zum Zerreißen gespannt wurden. Jeden Morgen, Mittag und Abend zog der Abt das Rad persönlich etwas nach. Am Abend bekam ich etwas zu trinken, das von der Farbe her Jauche mehr glich als Wasser. Und das Essen war zwar kalorienreich, damit ich länger am Leben blieb und länger leiden musste, schmeckte aber eher nach Dreck. Sie leerten mir das Zeug einfach über den Mund. Wenn ich essen wollte, musste ich ihn nur öffnen, dann lief etwas davon hinein. Der Rest klebte an meiner Backe, die ich jedoch weder mit der Zunge erreichte noch mit der Hand abwischen konnte, da diese in der Folterbank steckte. Die Fliegen, die sich hier, direkt neben dem Pferdestall, tummelten, freute es. Und ich hatte die Tortur verdient. Das war die Strafe für alles, was ich meinen Eltern und Ailaghoga angetan hatte. Deshalb, und weil ich Camilla nicht allein lassen wollte, harrte ich aus. Ignorierte meine schmerzenden Glieder, meine trockene Zunge und meinen Kopf, der sowieso nur noch aus dem Signal „Schmerz!" zu bestehen schien. Ich wusste nicht, wie viele Tage vergangen waren, seit ich aus Ailaghoga weg war.

Aber als die Geistlichen verstanden, dass sie mich eher umbringen als zu einem Geständnis zwingen konnten, griffen sie zu neuen Maßnahmen. Sie nahmen Camilla gefangen, banden mich los und fesselten sie an die Folterbank. Dann sperrten sie mich unter brutalen Schmerzen – schließlich hatten sie mir mehrere Knochen gebrochen, meine beiden Schultern ausgekugelt, meine Muskeln überdehnt und gezerrt und meinen linken Fuß gebrochen – in einen Schandkäfig neben der Bank und ließen uns wieder allein. Camilla stöhnte vor Schmerzen und weinte lautlos. Als sie das Rad zum Anschlag zogen, zum Punkt an dem ihr Körper dem Zug nachgab, stieß sie einen markerschütternden Schrei aus, der mir noch bis heute in den Ohren nachklingt und mich in der Nacht peinigt. Aber sie verriet nichts. Sie harrte einfach aus. Sie war tapfer. Aber ich hielt es nicht aus, sie so zu sehen. Erst versuchte ich, aus dem Käfig zu kommen. Aber ich schaffte es nicht. Also mahnte ich Camilla, durchzuhalten. Und sie hielt durch.

Am Abend, als der Abt mit unserem „Essen" kam, rief ich nach ihm. Lächelnd trat er an den Käfig und fragte: „Na, immer noch erpicht darauf, Ailaghoga selbst zu behalten?"

„Nein. Ich werde Ailaghoga verschenken. Lasst mich zurückreiten, damit ich alles in die Wege leiten kann."

Kaum eine halbe Stunde später wurde Camilla durch den Abt zu Schwester Barbara gebracht, die sich ihrer annahm. Ich reiste, zwar durch die Schmerzen meiner Knochen und Muskeln um einiges uneleganter als sonst, jedoch wie versprochen, als ich Camilla in Sicherheit wusste, sofort nach Ailaghoga zurück, wo ich die Schenkung in die Wege leitete.

Von Camillas Plan, meiner Idee einen Strich durch die Rechnung zu machen, erfuhr ich erst in Ailaghoga. Sie musste, gleich nachdem sichergestellt war, dass sie Schwester Barbara vertrauen konnte, mit deren Hilfe einen Brief an Eleonore geschrieben haben. Schwester Barbara schickte den Brief per Eilboten beinahe gleichzeitig mit meiner Abreise ab.

Ich war erst einen Tag in meinem Flecken angekommen, als Pfarrer Erimbert von Ailaghoga auf mich zugerannt kam und mir einen Brief in die Hand drückte. „Aimo! Aimo! Ihr müsst Euch das Ansehen! Eine Leibeigene, Eleonore, hat mir dieses Schreiben gebracht, weil sie nicht lesen kann. Ich sollte ihr sagen, was drinsteht. Als sie einen Moment nicht aufmerksam war, habe ich einen alten, unwichtigen Brief in die Flammen geworfen. Die Leibeigene dachte zum Glück, es sei ihr Brief. Aber Ihr müsst Euch das einmal ansehen." Er drückte mir den Brief in die Hand. Mit zittrigen Händen begann ich zu lesen: „Guten Tag Eleonore. Unser Flecken ist in Gefahr! Aimo will Ailaghoga ans Kloster Sankt Gallen verschenken! Haltet ihn auf! Verbündet euch, Bauern und Leibeigene! So könnt ihr es verhindern. Aber ihr habt nicht viel Zeit. Wenn er uns verschenkt, ist es mit unserem Ailaghoga vorbei. Grüße Camilla."

Ich hielt inne, gab ihm den Brief zurück. Ich versprach ihm, mich für seine kirchliche Karriere einzusetzen. Wenn er von dem Brief nur nichts an die Leibeigenen und Bauern weitergab. Dann rief ich nach der Wachmannschaft. Sie erhielten den Befehl nach Sankt Gallen zu reiten und Camilla zu ergreifen. Ich war nicht nur brutal wütend auf Camilla, die sich anscheinend nicht um ihr Leben zu scheren schien, als sie diesen Brief geschrieben hatte, sondern hatte auch riesige Angst um die Leibeigene. Wenn die Geistlichen von ihrem Brief erfuhren, musste sie mit dem Schlimmsten rechnen. Ich hatte ja gesehen, wie wenig Skrupel sie hatten … Ich konnte nur hoffen, dass Schwester Barbara wirklich vertrauenswürdig war. Davon hing vermutlich Camillas Leben ab. Weil ich Angst hatte, die Männer in Ailaghoga würden meine Verzweiflung und meine Rastlosigkeit merken, täuschte ich Wut vor. Als ich Ilteri um die Ecke kommen sah, spielte ich weiterhin den Aufgebrachten. „Wir finden diesen Abschaum von einem Weib schon noch. Dann wird sie dafür büßen, was sie mir angetan hat. Na los!" Nachdem Pfarrer Erimbert gegangen war, wandte ich mich an Ilteri, der leicht schwankend vor mir stand. Ich befahl ihm: „Sobald Camilla mit den Wachen eintrifft, nimmst du sie fest und gibst mir Bescheid."

„Aber Aimo … wir dürfen keine Menschen festnehmen. Ich bin ein Mönch. Höchstens Äbte dürfen das. Und dann auch nur aus einem triftigen Grund."

„Ach ja?", säuselte ich. „Dann erteilst du dir eben eine Absolution. Das kannst du doch? Nicht wahr?"

„Aber Aimo, man kann sich selbst keine …"

„Nun mach schon, los! Oder ich zeige dich bei deinen Oberen wegen deiner Trunksucht an. Saufen ist doch sicherlich auch nicht erlaubt, habe ich recht?"

Ilteri schüttelte gottergeben den Kopf. „Nein, Aimo. Ist es nicht."

„Dann weißt du ja, was du zu tun hast. Und jetzt geh endlich."

Ilteri eilte erschrocken und verwirrt davon. Dann wandte ich mich an meine Schwester, die ebenfalls herbeigeeilt war. „Bruder, was ist denn los?" Meine Schwester brauchte nicht alles zu wissen. Also sagte ich nur: „Diese Leibeigene, die ich als Reisebegleiterin mitgenommen habe, Camilla … Sie ist mir bei der Reise nach Sankt Gallen entwischt. Wir haben in einer Taverne übernachtet und am Morgen war sie verschwunden!"

Meine Schwester wollte diskutieren, aber ich hörte meine und ihre Stimme wie aus weiter Entfernung. Ich machte mir solche Sorgen um Camilla. Wer wusste nun davon, dass sie das Kloster mit einem Brief verraten wollte? Wenn der Abt das erfuhr, war sie geliefert.

„Camilla geht es gut!“, versuchte ich mir immer wieder einzureden. Schwester Barbara hatte sich ihrer angenommen.

Ich wusste, dass Schwester Barbara Camilla nicht eher würde gehen lassen, als bis diese wieder vollständig genesen und ihre
Knochen wenigstens wieder einigermaßen dem entsprachen, wie
sie früher gewesen waren. Soweit schätzte ich die Nonne jedenfalls ein. Tief atmete ich ein und aus. Camilla hätte wahrscheinlich niemanden finden können, der besser auf sie hätte aufpassen können. „Bitte Gott, pass auf sie auf! Ich liebe diese Frau!“

Gutshof Ailaghoga

760 n. Chr.

Endlich war es Zeit für die Abreise. Mein Gutshof und damit ganz Ailaghoga waren dem Kloster überschrieben worden.

„Bist du bereit?", frage Theota.

Wir waren nach der Überschreibung in Sankt Gallen noch einmal nach Ailaghoga zurückgekehrt, um alles mitzunehmen, was wir für unsere Zukunft in einer anderen Gegend der Welt brauchten. Im Zürichgau. Ich nickte, schaute noch einmal zum Tor zurück. Das Tor zum Herrenhaus. Zum Haus meiner Kindheit und dem Haus, in dem nicht nur Vater, sondern auch Barbel, meine Frau, gestorben waren. Noch einmal ließ ich die schönsten, traurigsten und fesselndsten Momente meines bisherigen Lebens Revue passieren. Dann drehte ich mich um. Kehrte Ailaghoga und meiner Vergangenheit den Rücken und ritt an der Seite meiner Schwester in den warmen Sonnenaufgang meiner Zukunft entgegen.

BUCH 2

Camilla

Ailaghoga

768 n. Chr.

„Camilla! Camilla! Hier bin ich!"

Diese Stimme kannte ich doch. Das konnte nur Hubertus sein. Ich schob die Äste eines Busches zur Seite, hinter dem sich mein alter Freund versteckt hatte. „Was machst du denn hinter diesem Busch, Hubertus?", lachte ich. Es sah einfach urkomisch aus, wie sich der muskulöse, große Mann hinter einem Busch kauerte, der ihm gerade so zur Brust reichte.

„Ich verstecke mich. Man weiß ja nie. Im Flecken könnte man mich erkennen. Vielleicht erinnern sich noch einige an meine Flucht mit Eleonore."

Niemand würde ihn erkennen. Denn er hatte sich verändert. Sehr verändert. Nicht sein innerer Kern, nicht sein Lächeln und sein Pragmatismus. Nicht sein Ernst und sein Humor. Aber verändert hatte sich die Weise, wie er ging. Seine Hände und seine Mäntel. Sein Pferd. Er war zu einem wohlhabenden Stadtbürger geworden. Vom Leibeigenen Hubertus war nicht mehr viel übriggeblieben.

Er krampfte nicht mehr von morgen früh bis abends spät, nur um die Familie einigermaßen durchzubringen und das Gefühl zu haben, Aimo hoffnungslos ausgeliefert zu sein. Nun konnte er es sich einrichten, wie und wann er arbeitete. Eigentlich hätte er auch gar nicht mehr arbeiten müssen. Und doch tat er es. Er sei es den Bürgern und Otto, seinem Freund und Gönner, schuldig, sagte er immer. Außerdem machte ihm die Arbeit sichtlich Spaß, denn er grinste wie immer über beide Wangen.

Nun wollte er jedoch so schnell wie möglich abreisen. Ailaghoga und seine Erinnerungen an den Flecken schien ihn nervös zu machen. „Kommst du?", fragte er ungeduldig. Wir hatten brieflich verabredet, Eleonore und Will in Sankt Gallen zu besuchen. Eleonore, die Exfrau von Hubertus und meine beste Freundin aus Ailaghoga, war zu ihrem Mann Will, mittlerweile ebenfalls einem guten Kollegen von mir, nach Sankt Gallen gezogen. Dort lebten die beiden zusammen mit ihren beiden Kindern in der Nähe des Klosters, in dem Will als Reisebegleiter von Schwester Barbara angestellt war.

„Nicht so stressig! Ich bin auch nicht mehr die Jüngste", antwortete ich auf Hubertus Frage.

„Du bist 24 Jahre jung."

„Eben. Im allerbesten Fall habe ich die Hälfte meines Lebens erreicht."

„Und du solltest die zweite Hälfte genießen", erwiderte Hubertus streng.

„Ich genieße ja bereits. Jetzt gerade zum Beispiel genieße ich, dass du gekommen bist, und freue mich darauf, dass ich Eleonore und Will gleich wiedersehen werden."

„Du verschanzt dich in deinem Haus, Camilla. Das ist nicht gesund. Du solltest unter die Leute."

„Und was will ich da? Dieser Dorfklatsch die ganze Zeit … Außerdem habe ich zuhause genügend zu tun."

„Ach komm! Ich würde dir dein ganzes Leben finanzieren. Ich …"

„Nein. Das will ich nicht."

„Dieser verdammte Stolz wird dich umbringen." Er konnte ja nicht wissen, dass genau das Arbeiten mich am Leben hielt. Denn während der strengen Arbeit konnte ich vergessen. Konnte ich ihn vergessen. Den Mann, der eigentlich unser perfekter Herr hätte sein können. Den Mann, den ich so sehr vermisste. Jeden Morgen. Jede Nacht. Ich schlief kaum, so zerriss mich dieses Gefühl. Auch nach acht langen Jahren noch, seit Aimo fortgegangen war.

Hubertus hatte viel dazu gelernt. Jetzt kannte er jeden Weg und jeden Flecken. Auf dem Weg nach Sankt Gallen erzählte er mir viel aus seinem Leben. Gespannt hörte ich zu und träumte von all den wunderschönen Reisen, die ich nie würde machen können.

Das Kloster stand mit einer Ehrfurcht erregenden Größe vor uns auf einer kleinen Ebene, die auf allen Seiten mit Zäunen umgeben war. Auf der uns gegenüberliegenden Seite war ein großes Tor, das alle Zeit für die Kirchenbesucher offenstand. Da standen sie. Eleonore und Will. Noch immer strahlten sie um die Wette. Sie waren älter geworden. Aber es stand ihnen irgendwie. Zwei Kinder standen bei einer Frau, die schrecklich dünn war und deren faltiges Gesicht von einem schwarzen Habit umhüllt wurde. Schwester Barbara. Unglaublich, wie tapfer sich diese Frau hielt. Sie war bereits über 40 Jahre alt und reiste mit Will noch immer um den ganzen Pagus. Sofort stieg ich vom Pferd und rannte auf Eleonore zu, die mir lachend in die Arme fiel. „Erzählt! Was ist da unten so los bei euch?", wollte sie wissen.

Wir begannen zu erzählen. Von Ailaghoga, den Veränderungen nach Aimos Schenkung.

Aber ich hörte nicht mehr zu. Beim Stichwort „Aimo" schweiften meine Gedanken ab. Wohin es ihn wohl verschlagen hatte? Oh, wenn sie ihn nur kennen würden. Sie hätten niemals so negativ über ihn geredet. Ich sagte nichts. Spielte die Glückliche, was mir ziemlich misslang. Eleonore durchschaute mich. In den Briefen hatte sie mir meine fröhliche Stimmung abgenommen. Fürs Schreiben hatte ich ein Talent. Nun, als ich meiner besten Freundin gegenüberstand, war die Sache anders. „Wirst du wieder ins Kloster gehen?", fragte sie mich, als die beiden Männer die Unterhaltung allein fortsetzten.

„Nein", sagte ich bestimmt.

„Da hast du zu viel Zeit zum Nachzudenken, nicht wahr?"

Ich nickte, antwortete aber nicht auf ihren fragenden Blick. „Was ist los, Camilla? Was bedrückt dich so sehr, dass du dich in diesem Maße strafst und arbeitest, als gäbe es kein Morgen? Wovor brauchst du solche Ablenkung?"

Wieder antwortete ich nicht. Viel zu sehr fürchtete ich mich vor der Reaktion. Ich durfte ihn nicht lieben. Musste ihn vergessen. Die Trauerzeit war noch nicht beendet. Also durfte ich niemanden außer meinem verstorbenen Mann lieben. Und erst recht nicht jemanden von solch anderer, einer adligen Herkunft. Es war verboten, über oder unter dem eigenen Stand zu heiraten. Basta.

„Ist es ein Mann?"

Ich schüttelte schnell den Kopf. Zu schnell.

„Ach komm schon! Ich habe Will geheiratet, nachdem ich vorgetäuscht habe, Hubertus, mein damaliger Mann, sei gestorben. Ich werde dir schon keine Vorwürfe machen, wenn du während deiner Trauerzeit einen anderen Mann liebst.“

„Mach ich doch gar nicht“, antwortete ich leise. „Ich habe ihn längst vergessen. Ich kann auch nichts dafür, wenn ihr mich immer wieder daran erinnert.“

„Wen? Hubertus! Das ist ja süß!“

Ich schüttelte wieder den Kopf. „Es ist nicht Hubertus, Eleonore. Aimo. Es ist Aimo!“

Camillas Bauernhof Ailaghoga

768 n. Chr.

Die Worte Eleonores gingen mir immer wieder im Kopf um: „Dann geh Aimo doch suchen! So weit kann er ja nicht sein. Deine Kinder sind genug groß, um auf sich selbst aufzupassen und wenn alle Stricke reißen, sind Hubertus, Will und ich auch noch da. Wenn es stimmt, dass Aimo im Zürichgau ist … Der ist nicht so groß, weißt du. Du findest ihn bestimmt." Eleonores Zuversicht erwärmte mein Herz.

Der Bauernhof sah aus, als hätte ich ihn nie verlassen. Meine Kinder taten gute Arbeit. Der Kleine war groß geworden. Und ich, die Leibeigene, alt. Mein Ältester hatte es doch tatsächlich geschafft, in den paar Tagen, in denen ich weg war, uns aus der Leibeigenheit freizukaufen. Auch wenn die Sankt Galler einen deutlich höheren Betrag verlangten, als ihn Aimo je gefordert hätte.

„Was überlegst du?", fragte Hubertus, der noch immer in meiner, respektive der Küche meines Sohnes saß und das Bier trank, das ich ihm angeboten hatte. Es tat mir gut, ein Bier mit ihm zu trinken. Er war ein guter Mann. Ich fragte mich, wie es wohl wäre, mit ihm verheiratet zu sein. Aber ich konnte mir nur eine Zukunft mit Aimo vorstellen. Alles andere lag außerhalb meiner Vorstellungskraft. „Ich überlege ob ich heute zuerst den Garten machen will, oder die Küche putzen soll", antwortete ich ausweichend.

„Ich wäre für Garten, bei dem schönen Wetter", antwortete Hubertus lächelnd.

„Wahrscheinlich die beste Idee. Dann muss ich dich leider rausschmeißen."

„Schade, morgen reise ich in den Zürichgau."

Ich horchte auf. Zürichgau? Hatte Will nicht einmal davon erzählt, dass er als kleiner Junge illegal auf einem Marktwagen mitgefahren war? Ich war zwar bedeutend größer, als er es damals war. Aber könnte es trotzdem funktionieren?

Grenze zum Zürichgau

768 n. Chr.

„Ich sag's noch einmal: Ihr dürft nicht ohne ausdrückliche Erlaubnis durch. Die Grenzbestimmungen wurden verschärft!"

„Aber ich versteh's noch immer nicht. Dies ist nur eine Regionsgrenze. Ich wechsle nur den Gau!", widersprach Hubertus.

„Eben! Ich sagte doch bereits drei Mal, dass die Grenzbestimmungen geändert wurden!"

Ich begann in meinem sicheren Versteck langsam zu zittern. Wenn das so weiter ging, würden sie vielleicht noch den Wagen durchsuchen.

„Kehren sie um und kommen sie mit den richtigen Papieren zurück."

„Ich fahr doch nicht den ganzen Weg wieder nach Hause und morgen wieder hierher zurück!"

„Das Beste wäre, Euren Wagen zu durchsuchen."

„Wenn Ihr den auch nur anfasst, werde ich dem Grafen höchst persönlich mitteilen, wer mich hier so schlampig behandelt hat. Ich bin Otto von Ottenhausen und nicht irgendein Bauerntrampel!"

Sogar in meinem Fass hörte ich, wie der Grenzwächter erschrocken einatmete. Die Ich-bin-doch-so-wichtig-Masche funktionierte tatsächlich.

„Otto von Ottenhausen?! Sagt das doch gleich! Natürlich dürft Ihr passieren!", rief der Mann. Schleimschnecke. Aber es war nur zu unserem Guten. Hubertus durfte passieren, ohne dass der Zoll seinen Wagen und die Ladung, von der nicht einmal er selbst etwas wusste, auch nur einmal schräg anschaute.

Vorsichtig hob ich nach etwa einer halben Stunde Fahrt langsam den Deckel des Fasses. Sonnenlicht blendete mich. Es dauerte einen Moment, bis ich die Gegend wahrnahm. Weit in der Ferne konnte ich ein riesiges, glitzerndes Gewässer entdecken. Eingebettet in einen Hügelzug, der mich an Ailaghoga erinnerte. Erneut verschwand ich im Fass, in dem ich nur knien konnte, und schob den Deckel über mich. Das erschien mir sicherer. Plötzlich hielt das Gefährt inne. Wir waren seit der Grenze ein ganzes Stück gefahren, und meine Glieder, besonders meine Knie, schrien nach Erholung. Ich hörte Geräusche und verstand einige Gesprächsfetzen, konnte sie aber nicht richtig einordnen. Die Stimmen schienen Ware anzupreisen. Ein Markt vielleicht. Schritte näherten sich. Hubertus Schritte. Ich hielt mich ganz still und hielt angespannt die Luft an. Trotzdem schien er etwas bemerkt zu haben. „Ist schon wieder ein Marder da reingekommen? Diese verdammten Viecher fressen mir noch die ganze Arbeit weg!"

Ich, ein Marder? Besten Dank. Der Deckel wurde angehoben, Hubertus schaute nach unten. Seine Augen zogen sich zusammen.

„Otto! Das ist mir ja eine Freude!", begrüßte ihn eine Dame. Hubertus drehte sich weg und vergaß den „Marder" augenblicklich. Ich atmete erleichtert auf. Wieder hob ich nach einiger Zeit den Deckel leicht und sah nach, ob die Luft rein war. Rein wie Bergluft. Die Leute schienen anderweitig beschäftig zu sein. Also nahm ich meinen ganzen Mut zusammen, schob den Deckel zur Seite und stieg aus dem Fass. Tatsächlich war ich in einem mittelalterlichen Markt gelandet. Die Leute priesen in merkwürdig abgehackter Sprache ihre Stoffe, ihr Fleisch und allerhand Gebrauchswaren an. Bier und Wein. Schafsfelle, Schmuck und Broschen. Mäntel und Chlamys. Man konnte sich schier nicht satt sehen. Der Geruch und die vielen verschieden Farben waren fast zu viel für meine Sinne. Da war es ja nicht weiter verwunderlich, dass niemand mich beachtete.

„Bist du auch eine von denen, die sich hier 'ne bessere Zukunft erhoffen?"

Erschrocken schnellte ich herum und erblickte einen Mann, der vielleicht zwei Jahre jünger war als ich. Er lag auf einer Treppenstufe, die zu einem schmalen Haus führte, das an weitere Häuser angebaut war. Alle kaum breiter als ein einziges Zimmer. Stadthäuser. Ich war in einer Stadt gelandet. Und sie war anscheinend wichtig, denn solche Häuser, die gleichzeitig als innere Schutzmauer funktionierten, kannte ich von Ailaghoga. Die grünen

Augen des Mannes schauten forschend zu mir auf. Ich nickte. Genaugenommen erhoffte ich mir hier eine zweisame Zukunft.

„Die wirst du hier nicht finden. Glaube mir. Geh wieder nach Hause. Sie werden dich schlecht behandeln. Das lukrativste Geschäft ist noch das Bordell. Aber dort werden sie dich am allerschlimmsten behandeln. Glaube mir, meine Schwester war sehr lange dort, bevor sie an der Fehlgeburt eines Kindes gestorben ist, dass ihr einer dieser verdammten Ritter angehängt hat."

„Das tut mir leid. Aber ich will hier keine Arbeit finden. Vorerst zumindest nicht."

„Aber wie willst'e überleben? Du siehst nicht gerade aus, als hättest' in den letzten Tagen übermäßig gegessen."

Das hatte ich mir so gar nicht überlegt.

„Nimm besser etwas Essen von diesem Händler. Der hat genug."

„Ich stehle nicht."

„Aber schwarzfahren tust'e?"

„Das war es nicht. Jedenfalls nicht richtig. Ich kenne den Händler."

„Wer kennt den schon nicht", meinte der Mann entnervt.

„Kennt ihr auch einen Mann namens Aimo?"

„Tut mir leid, noch nie gehört", antwortete er. „Aber wenn du wirklich Arbeit suchst, könnte ich dir was klarmachen. Wir suchen dringend kleine, flinke Mitarbeiter."

„Warum helft Ihr mir?", fragte ich.

„Weil du mir gefällst. Und weil ich beschlossen habe, wenigstens eine Stunde am Tag 'nen guten Mensch zu sein. Du hast Glück, dass is' sie gerade, die gute Stunde. Aber in wenigen Minuten is' sie vorbei. Wenn ich dich wäre, dann würde ich abhauen oder mit mir kommen."

„Ich dachte, ich würde Euch gefallen!"

„Eben. Deswegen."

Ich hob die Brauen. „Bist ja wohl kein Stück besser als die Ritter!" Damit kehrte ich ihm den Rücken und versteckte mich in der großen Menge, um mich vor ihm zu schützen. Aber der Mann blieb in meinen Gedanken hängen, also drehte ich mich noch einmal zu ihm um. Noch immer lag er an derselben Stelle, hatte sich scheinbar keinen Millimeter bewegt, jedoch einen ganzen Mocken Fleisch in der Tasche und aß seelenruhig die geklaute Ware. Wobei seine grün-stechenden Augen noch immer auf mir ruhten. Mein Verstand rebellierte, aber ich ging trotzdem wieder zu ihm zurück. „Ihr sagtet, Ihr würdet Otto kennen?"

„Sagte ich nicht, dass meine Guter-Mensch-sein-Zeit abgelaufen is'?"

„Könnt Ihr nicht eine Ausnahme machen? Ich brauche Eure Hilfe."

„Wieso sollte ich?"

„Weil ich Euch reich belohnen werde, wenn Ihr es tut."

Der Mann lachte amüsiert. „Was wollt Ihr mir denn geben? Einen Weizenhalm?"

„Ihr werdet schon sehen."

„Gut. Ich mach's. Deines Mutes wegen will ich für einmal eine Ausnahme machen."

Ich nickte zufrieden und folgte dem Mann in eine weit schmutzigere und ärmere Gasse. Kinder mit abgescheuerten Knien, dünnen Armen und tiefsitzenden, müden Augen kamen uns entgegen und düster aussehende Männer, die Keulen oder Messer bei sich trugen. Ein kalter Schauer überkam mich, und ich blickte mich ängstlich um. An allen Ecken kauerten halbtote Menschen und Bettler, die solch dürre Hände hatten, dass man die Knochen unter der Haut abzählen konnte. Manche hatten vor Hunger aufgeblasene Bäuche. Manche Bettler waren mit merkwürdigen Flecken übersät oder röchelten uns mit einem beunruhigenden Husten an. Sie wollten nach meinen Füssen greifen, als ich vorbeilief. Worauf ich schnell einen Schritt in die Mitte der Gasse machte und mich nah beim Mann mit den grünen Augen hielt.

„Achte nicht darauf. Geh einfach immer weiter", riet mir der Mann.

„Wie heißt Ihr eigentlich?", fragte ich.

„Ich bin Jack. Und bitte ihrz mich nicht, das macht man nur bei anständigen Menschen."

„Ich glaube nicht, dass du so schlimm bist, wie du tust. Du bist bestimmt insgeheim ein sehr religiöser Mensch."

Jack lachte. „Wie hirnverbrannt man sein kann. Aber bitte, glaub, was du willst. Solange du mich mit den Pfaffen in Ruhe lässt.“

„Die Kirche hat auch viel Gutes getan!“

„Pff. Dann schau dich einmal um. Gleicht das bisschen Gute, dass sie gemacht haben, all das Schlechte aus? Sie hätten das Geld, um all die armen Menschen zu ernähren und sie von ihren Krankheiten zu befreien. Aber sie vergolden lieber ihre Kathedralen.“

„Aber das sind nicht ihre Kathedralen. Das sind die Kathedralen Gottes.“

„Pff“, machte er nur wieder. „Das sagen sie immer. Dies ist für Gott, das auch und das ebenso. Und die Menschen hier? Was ist mit den Menschen hier? Sind wir auch für Gott?“

„Von Gott“, korrigierte ich.

„Von Gott. So so. Mörder, Vergewaltiger, Diebe, Nutten. Alle sind sie von Gott? Und dann soll ich von diesem Gott auch noch gut denken? Wenn du mich fragst, sind diese Pfaffen verrückt …“

Darauf wusste ich nichts zu erwidern. Also schwieg ich.

„Bei wasem soll ich dir eigentlich helfen?“

„Ich suche jemanden. Und ich dachte, da du viele Menschen kennst …“

„Meistens kenn ich nur, wer reich ist. Ist der reich, den du suchst?“

„Ja, ziemlich.“

„Dann stehen die Chancen gut. Wer ist es denn?“

„Aimo II. von Ailaghoga.“

„Nein, wie gesagt, von einem Aimo habe ich noch nicht gehört. Jedenfalls von keinem, der dich interessieren würde.“

„Du kennst also doch einen?“, hakte ich nach. „Wie sieht der denn aus?“

„Schwarzes Haar, dunkle Augen“, erwiderte Jack.

„Das passt.“

„Du sagtest, der, den du suchst, sei reich?“, fragte er nochmals.

„Ja, schon. Gut, das heißt, das muss jetzt nicht mehr unbedingt sein. Er hat sein ganzes Gut verschenkt. Ich weiß nicht, wie viel Erspartes er noch hat.“

„Sein Gut verschenkt?"

„Ja, Ailaghoga. Sagt dir wahrscheinlich nichts, ist ziemlich weit entfernt."

„Doch, das kenn ich schon. Kommst du von da?"

Ich nickte. „Ich habe mein ganzes Leben da verbracht. Also fast."

Jack blickte wieder gerade aus und schien zu überlegen. Dann meinte er: „Jetzt versteh ich noch weniger, weswegen du hier bist. Das ist doch solch ein gemütliches Städtchen. Hier gibt's nur Sumpf und Elend."

„Wie gesagt, ich such jemanden."

„Dieser Mann muss dir viel bedeuten."

Ich nickte.

„Du bekommst aber nicht etwa ein Kind von ihm?"

„Nein, nein", antwortete ich kopfschüttelnd.

„Gut. Besser so. Na dann, hier bin *ich* aufgewachsen. Unter anderem." Jack zeigte auf eine Hütte, die mit einer schwarzen Plane überdacht war und ihre besten Zeiten hinter sich hatte. Die Gasse nahm hier ihr Ende, welches wahrlich kein schönes war. Essensreste schwammen in Wassertümpeln, die dunkelbraun gefärbt waren, und in denen sich Ratten um ein vergammeltes Stück Fleisch stritten. Angewidert hob ich mein Kleid ein wenig an und trippelte durch das Dreckwasser. Der Geruch nach Urin schlug mir entgegen. Schnell trat ich in die Hütte, in der jedoch der Tümpel weiterging. Dahinter begann das eigentliche Haus. Es war recht groß im Verhältnis zu den anderen Häusern in der Stadt und zweistöckig. Entsprechend der Ausstattung schien es sich um eine alte römische Villa zu handeln. Aber die Zeit hatte ihr zugesetzt. Außerdem schien sie auch nicht mehr geputzt oder gelüftet worden zu sein seit der Römerzeit. Der Boden knisterte und knackte, als wir trockenen Boden erreicht hatten. Und es waren nicht die Holzdielen, die knarrten. Als erstes gingen wir durch eine Schenke, die den Namen einer Räuberhöhle nur zu gut verdient hätte. Die „Herren", die darinsaßen, spielten lautstark und mit Körpereinsatz Poker oder tranken Bier. An der Theke stand ein großgewachsener, stattlicher Mann, mit dem man es sich lieber nicht verscherzen sollte. Mein Herz schlug, ich gebe es zu, ein paar Takte schneller. Hätte ich die Wahl gehabt, ich wäre angesichts dieser unheimlichen Gestalten wieder hinter rausgelaufen. Ich griff nach Jacks Hand. Er drückte kurz auch meine Hand, blickte mir ermutigend in die Augen und ließ sie dann wieder los. Der Mann an der Theke blickte auf. „Was will'n die hier?", fragte er forsch.

„Sie kommt mit mir", erwiderte Jack und hockte sich auf einen Barstuhl. „Sach mal, Peyr, weißt du, wann der Boss hier ist?"

„Kommt sicher bald", meinte er. „Schwierigkeiten?"

„Nein, nein. Camilla hier, hat nur eine Frage an ihn."

„Eine Frage?" Peyr lachte laut. „Den Boss was fragen! Die Frau gefällt mir!" Wieso sagten die das ständig, dass ich ihnen gefalle? Jack schmunzelte. „Hab ich ihr auch gesagt. Aber wenn ihr einer helfen kann, dann der Boss." „Pff, der wird Freude haben!", meinte Peyr ironisch.

Tatsächlich. Der Boss konnte mir helfen.

„Was zum Teufel machst du denn hier?", fragte Aimo erschrocken, als er die Kneipe betrat.

„Boss, ihr kennt diese Frau?"

Der „Boss" antwortete nicht. „Camilla, bist du wahnsinnig? Weißt du, wie gefährlich das ist?"

„Was? Meinen Freund zu besuchen, der nichts Besseres zu tun hat, als alles zu verschenken, was anderen Leuten lieb und teuer ist, und dann noch in eine illegale Welt abzutreten?"

Aimo erwiderte nichts.

„Was ist mit dir geschehen, Aimo?! Was ist aus dem Mann geworden der damals zu mir gekommen ist, und mir sein Herz ausgeschüttet hat? Was ist aus dem Mann geworden, der dem König gegen alle Vernunft kein Geld in dessen herrschaftlichen Hintern schieben wollte, weil der Ailaghoga geschadet hatte. Mein Gott, wo ist dein Herz geblieben? Hast du es auch ans Kloster verschenkt?"

„Was erlaubst du dir?!", fuhr Peyr auf.

„Lass sie, is' schon gut", meinte Aimo, der mit zwei Fingern auf die Augendeckel drückte.

„Ich bring sie zurück", meinte Jack schnell. Aimo nickte, wandte sich leise von mir ab und murmelte: „Es tut mir leid, Camilla. Du hattest recht. Für Liebe gibt es in diesem Land keinen Platz." Damit verschwand er hinter einem feucht aussehenden, schwarzen Lumpenfetzten, der die Sicht auf einen weiteren Raum verdeckte. Jack zog die Stirn kraus und führte mich wieder zum Marktplatz zurück. „Schau, am besten gehst du wieder mit dem Händler mit, der dich hergebracht hat. Reise zurück und leb ein bisschen länger."

„Nein. Ich bleibe hier."

„Du bist nicht nur unglaublich mutig, sondern auch unglaublich dumm."

Meine Brauen hoben sich vor Empörung in die Höhe. „Was ist daran falsch, seinen Freund retten zu wollen?"

„Du kannst ihn nicht retten. Das kann niemand. Wir retten uns selbst. Du verstehst unser Business nicht. Entweder du klaust, oder du stirbst. Wir können keinen Hof erben."

„Aber du könntest dich als Knecht anstellen lassen."

„Einmal drin, immer drin. Ich sagte doch, dass ich hier geboren bin."

„Man kann immer ausbrechen."

„Ach ja? Glaub mir, Schätzchen, du hast keine Ahnung von uns, vom Boss, von seinem Leben. Zisch ab, bevor du auch drin bist."

„Ich sagte doch, dass ich hierbleibe. Es sei denn, Aimo kommt auch mit."

„Gut, du willst es ja nicht anders. Aber ich sag dir eins: Du wirst es bereuen. Jeden einzelnen Tag. Jetzt hast du noch eine Familie. Nachher wirst du sie nicht mehr haben."

„Das nehme ich in Kauf."

„Weiber!", Jack schüttelte den Kopf. „Da, siehst du diese Dame mit den vornehmen Kleidern am Marktstand?"

Ich drehte mich zum Markt um. Ein paar Sekunden suchte ich die Stände ab, bis ich sie entdeckte. „Ja, was ist denn mit ihr?", fragte ich, bekam aber keine Antwort. Als ich mich umdrehte, war Jack verschwunden.

Schneiderei Zickzack Ziurichi
770 n. Chr.

Erschöpft hob ich die Lider.

„Hoch! Hoch! Was erwartest du? Sommer? Aufstehen, heute noch!" Der Schneider schlug mich. Während eineinhalb Jahren musste ich mich immer wieder nach einer neuen Arbeit umsehen, doch wurde ich nach einiger Zeit immer wieder rausgeworfen, weil ich bald erschöpft war und nicht mehr arbeiten konnte. Dann schlief ich einen Tag auf der Gasse, bettelte, machte mich am nächsten Tag wieder auf, wusch mich im See, der vor der Stadt lag, wusch meine verdreckten Kleider und machte mich wieder auf Arbeitssuche. Aber mein Körper machte einfach nicht mehr alles mit. Schließlich war ich bereits 26 Jahre alt. Als Leibeigene war ich das Arbeiten gewöhnt. Meine Hände waren gezeichnet und konnten zupacken. Und trotzdem war ich zu schwach, zu mager und zu klein, und körperlich und seelisch erschöpft. Ich folgte dem Befehl des Schneiders, in der Hoffnung, ich könnte einmal für länger bleiben. Langsam zog ich mich am Bettpfosten hoch, der zum Bett der Schneiderin und des Schneiders gehörte. Seit vier Tagen hatte ich nichts gegessen und immer auf dem Boden geschlafen. Schnell drückte ich meinen Rücken durch, beugte mich auf alle Seiten und schaute mich nach Stoffen um. Ein besonders vornehmer lag bereits eingespannt auf einem Tisch. Die Nadel war eingefädelt. Meine Arbeit von gestern. Ich setzte mich wieder davor und begann zu nähen. Nadel hoch, Nadel runter, Nadel hoch und wieder runter. Nach einer halben Stunde war ich erschöpft. Die Naht war noch nicht einmal zur Hälfte fertig. Der Schneider sah, dass ich nicht mehr arbeitete und warf mich hochkant, ohne Lohn, aus dem Haus. Also musste ich sehen, wie ich die nächsten zwei Tage durchhielt. Mein Körper war ausgepowert. Lahm. Ich musste essen und mir für mein Überleben schnell einen neuen Job suchen. Ich ging auf den Markt.

Die Händler packten ihre Ware aus. Hubertus war auch da. Ich hatte ihn manchmal getroffen, und er hatte mir ein bisschen Geld gegeben und mir versichert, dass es meinen Kindern gut ginge. Ich ging auf ihn zu, er würde mir bestimmt etwas schenken. Er hatte schließlich genug. „Otto! Darf ich ein Stückchen Fleisch haben?", fragte ich flüsternd.

„Geh weg, Bettlerin! Ich habe nichts für dich."

„Aber Hubertus! Ich bin's, Camilla!"

Hubertus schien erstaunt, blickte mich genauer an. Dann, als ich bereits dachte, er hätte mich erkannt, meinte er: „Nein. Lüg nicht. Camilla ist tot. Sie wurde vor einem Monat tot in der Eulach gefunden."

„Was? Nein! Hubertus! Ich bin's doch! Frag mich etwas, dass nur Camilla wissen könnte!"

„Ich habe keine Zeit für diese Spielchen. Verschwinde und lass mich und meine Ware in Ruhe."

Marktplatz Ziurichi

770 n. Chr.

Ich saß auf der Treppenstufe beim Markt, an dem ich vor knapp eineinhalb Jahren Jack begegnet war und beobachtete das Treiben. Also jedenfalls das, was ich davon sehen konnte. Tränen verschleierten meinen Blick. Jack hatte recht behalten. Ich bereute es jeden Tag, dass ich nicht auf ihn gehört hatte. Ich hatte alles verloren, was ich hatte. Und wofür? Aimo und seine Bande hielten sich versteckt. Mehrere Male hatte ich nach ihm gesucht. Gefunden hatte ich ihn nie. Er arbeitete geschickt, mit Köpfchen und äußerst vorsichtig. So wie er es auch für Ailaghoga getan hatte. Nur der Mensch dahinter, seine Seele, schien sich verändert zu haben. Er war jetzt „der Boss" und nicht mehr Aimo. Aber seine Bande gab bei den Leuten zu reden. Kürzlich hatte ich ein Gespräch zweier Obstbauern mitgehört, die von einem Massenüberfall berichteten. Dabei sei ihnen ein unscheinbarer, schmaler Mann mit dem Blick eines listigen Fuchses aufgefallen. Jack. Meine Tränen waren getrocknet. Es kamen keine neuen mehr nach. Ich hätte gerne weiter geheult, bis alles draußen war. Also stand ich auf und ging auf den noch kalten See zu. Ich hockte mich ans Ufer und schaufelte mir langsam Wasser in den Mund. Plötzlich hielt ich inne. Ich sah ein paar Männer, die an einem Strick eine schwere Kiste ins Wasser gleiten ließen.

Der eine sicherte die Umgebung ab, während die anderen vier die offensichtlich schwere Ware langsam nach unten schickten. Was war es? Und wer waren die Kerle? Vorsichtig ging ich näher heran. Die Stimmen wurden lauter. „Mach vorwärts, wenn die uns sehen, sind wir morgen arbeitslos."

„Arbeitslos! Der war gut!", meinte ein anderer und lachte hohl. Peyr. Ich versuchte, die anderen an der Stimme zu erkennen. Vielleicht waren Jack oder Aimo dabei. Und tatsächlich, letzterer ergriff nun das Wort: „Arbeiten, nicht plaudern. Sonst wird noch jemand auf uns aufmerksam!" Aimo sprach für meinen Geschmack einen Tick zu laut, um leise zu sein. Hatte er mich entdeckt? Aimos Bande zog auf leisen Sohlen ab. Ich wunderte mich, dass sie das Seil nicht mitgenommen hatten. Was steckte dahinter? Ich war zu neugierig, um es einfach bei dieser Frage beruhen zu lassen. Nochmals sah ich mich einige Male um, hielt nach einer Regung Ausschau, die einen Wachtposten verraten könnte. Aber da war nichts. Also ging ich weiter zum Seeufer, bis ich das Seil einen Fuß vor mir sah. Langsam zog ich daran. Nichts bewegte sich. Was nur befand sich in dieser Kiste? Vielleicht Schmuck? Oder Kleider? Ein Mantel würde mir reichen. Den könnte ich verkaufen, und ich hätte einen ganzen Monat zu essen, ohne einmal arbeiten zu müssen. Noch einmal sah ich mich um. Dann zog ich mit meiner ganzen Kraft am Seil. Einen Zentimeter ging es nach oben. Noch einen. Bald brauchte ich eine Pause und setzte mich einen Moment auf den Boden, das Seil noch immer in der Hand. Nach der Verschnaufpause legte ich mir das Seil einmal um die Hüfte und ging einen Schritt zurück. Und noch einen und noch einen. Schon konnte ich die Kiste sehen, und sie an Land ziehen. Neugierig öffnete ich sie. Ein kleiner lederner Sack kam zum Vorschein. Ich knotete die Schnur auf, mit der er zugeknüpft war. Steine. Das war der Inhalt. Stein um Stein nahm ich aus dem Sack, in der Hoffnung, es würde auch etwas anderes dabei sein. Dann leerte ich den ganzen Inhalt auf den Boden. Aber es waren Steine. Nur Steine. Enttäuscht ließ ich den Sack fallen. Ein leises Scheppern ertönte. Dann sah ich es. Es waren nicht alles Steine. Auf dem Boden, kaum sichtbar im Gras, lag ein kleines, goldenes Kästchen. Ich öffnete den Deckel. Darin fand ich einen Brief und eine ganze Menge Geld.

„Was zum Teufel …“ Ich nahm den Brief vom Boden auf und las: „Liebe Camilla. Du hast mich gesucht, aber nicht gefunden. Ich aber habe dich beobachtet. Auch habe ich Handwerker gebeten, dir Arbeit und einen Schlafplatz zu geben. Schließlich weiß ich, dass ich an deinem ganzen Schlamassel schuld bin. Und nun leidest du hier. Geh zurück. Ich werde nicht zurückkommen. Das kann und will ich nicht. Hier in Ziurichi geht es mir viel besser, als es mir in Ailaghoga gehen würde. Bring das Geld dahin, wo es hingehört, nach Ailaghoga. Zu denen, die für mein Vermögen gesorgt haben, die Leibeigenen, Bauern und die Dorfbewohner. Teile es gerecht auf. Dann will ich, dass du glücklich wirst und endlich lebst. Genieße dein Leben! Dafür lebt man, um zu genießen.

Geh reisen, ins Kloster oder wo immer es dich hinzieht. In Liebe, Aimo." Ich schüttelte den Kopf. Dieser Mann hatte sie doch nicht alle. Genießen? Ich? Was denn? Mein einsames Leben? Was nützte Genießen, wenn ich niemanden hatte, der es mit mir teilte? Die guten und die schlechten Zeiten. Die Tage und die Nächte. Den Sommer und den Winter. ER verlangte von mir, dass ich mein Leben genoss. Und was war mit SEINEM Leben? Nur weil er mit neun Jahren diesen Pfeil abgeschossen hatte, sollte er es nun nicht mehr verdient haben, ein schönes Leben zu führen und einer anständigen Arbeit nachzugehen? Ich zerriss den Zettel und steckte ihn zurück ins Kästchen. Die Kiste versenkte ich wieder im See. Wenn Aimos Spione solch einen guten Job erledigten, um mich zu beschatten, dann würde er auch dafür sorgen, diesen Ort mit seinen Leuten abzusichern. Das konnte mir nur recht sein. Sollte er es sehen und merken, welch ein Idiot er doch war. Ich war doch nicht die gute Fee, die jedem ein bisschen Geld verteilte, während er hier den bösen Teufel spielte.

Marktplatz Ziurichi
770 n. Chr.

Ich sollte recht behalten. Aimo erfuhr tatsächlich davon. Wütend kam er am nächsten Tag auf mich zugelaufen, Jack und Peyr hintendrein, die versuchten, ihren „Boss" aufzuhalten. Aber ich hörte nicht, wie Jack besorgt meinte: „Boss, wenn die Marktfahrer dich erkennen!" Und ich hörte auch nicht, wie Aimo erwiderte: „Sollen sie doch. Das ist das Beste, was mir passieren könnte." Aber was ich hörte, war eine Frau, die kreischend rief: „Du Bengel du! Fasst ihn, er hat mir meine halbe Ernte geklaut!" Und dabei auf Jack zeigte. Der fluchte, als eine ganze Horde Menschen mit Schaufeln, Gabeln und Stöcken auf die drei Männer zu rannte und sie umzingelte. Aimo sah sich schnell nach einem Fluchtweg um, fand aber offensichtlich in der Aufregung keinen. Also spurtete ich in die Menschenmenge hinein und riss Aimo mit. Die anderen folgten. Nach einigen Minuten, die Meute konnte unser Tempo nicht mithalten, gelangten wir beim Stadttor an.

Aimo schien schon protestieren zu wollen, aber ich bog etwa drei Meter vorher ab und fand den gesuchten Platz. Eine schmale, halb kaputte Leiter führte auf ein Hausdach, das sehr stabil gebaut war. Ich ließ Aimo den Vortritt und wartete, bis auch Jack und Peyr oben waren. Dann wollte ich ihnen folgen. Aber es war zu spät. Die Meute hatte mich erreicht. Ein Bauer knallte mir mit voller Wucht eine Schaufel an den Kopf. Die Schmerzen schienen mich zu verschlucken. Das Haus, die Leiter und Aimo verschwanden vor meinen Augen, und ich entschwand ins dunkle Nichts.

Gefängniszelle 11 Ziurichi

770 n. Chr.

Zu wissen, dass man etwas verloren hatte, eine Erinnerung, ein schönes Erlebnis, einen Sonnenuntergang. Eine Seite in unserem Lebensbuch, die herausgerissen wurde und verloren ging, das war eine Sache.

Aber zu wissen, dass man alles verloren hatte, wirklich alles, eine ganz andere.

Meine Familie war in Ailaghoga, mein Geliebter nur noch in so manchen Erinnerungen, und meine Freiheit in den Händen von wütenden Wächtern und wilden Marktgängerinnen. Und doch hatte ich etwas, das ich vorher nicht hatte: Essen, einen festen Schlafplatz und ganz viel Zeit, um nachzudenken. Nur leider nützte mir das im Moment gar nichts. Lieber wäre mir gewesen, sie hätten mich getötet. Ich war meines Lebens überdrüssig. Das ewige Warten und Kämpfen um Essen und ein bisschen Arbeit. Nur um nächsten Tag wieder genau gleich hungrig und ausgelaugt aufzuwachen und von neuem zu klettern beginnen. Weder hatte ich Ziele noch sonst irgendwas, dass es sich lohnen würde, weiterzumachen. Mir schien, als würde der Teufel mit einer Mistgabel über mir stehen, die Zinken so gefährlich auf mich ausgerichtet, dass er nur noch zustechen musste, um mein Leben zu beenden. Es hatte keinen Sinn mehr, mich weiter zu wehren. Irgendwann würde er mich ja doch kriegen.

Meine Kinder kamen mir in den Sinn. Sie hatten eine Zukunft. Sie konnten in Ailaghoga alt werden und ihr Leben als Leibeigene beenden. So wie es für mich besser gewesen wäre. In Ailaghoga war ich wenigstens Zuhause. Immerhin hatte ich dort Wald und Hügel. Aber da kam noch ein anderer Gedanke: Sie brauchten eine Mutter, die für sie da war, wenn sie sie brauchten. Was war ich doch für eine schlechte Mutter, meine Kinder einfach im Stich zu lassen! Ich musste zurück. Zurück nach Ailaghoga. Meine Kinder waren das Einzige, für das es sich noch zu kämpfen lohnte. Ich musste einen meiner Freunde benachrichtigen, dass ich noch lebte, dass ich hier eingesperrt war und dass ich ihre Hilfe brauchte. Vielleicht war jetzt der Zeitpunkt gekommen, um meinen „verdammten Stolz", wie Hubertus das nannte, auf die Seite zu legen und mir Hilfe zu holen.

„Guten Morgen, Camilla", begrüßte mich ein hereinkommender Wächter.

„Guten Morgen", erwiderte ich mit rauer Stimme.

Der Wächter erinnerte mich an die Zeit im Kloster. Als der Abt Aimo und mich festgehalten und bis auf die Knochen gequält hatte. Meinen Gedanken nachhängend hinterfragte ich weder die höfliche Anrede, noch meinen Taufnamen, den der Wächter kurioserweise kannte. Der Wächter drückte mir einen Brief in die Hand, den ich stirnrunzelnd entgegennahm. „Ich komme morgen vorbei, halte durch und schweige über den Inhalt des Briefs. Sonst kostet er nicht nur dich das Leben."

Ich nickte beklommen und öffnete den Brief vorsichtig, als der Wächter wieder aus meiner Zelle getreten und im Gang verschwunden war. „An Otto von Ottenhausens Frau. Guten Tag. Morgen wird dich einer meiner Männer rausholen. Ich habe das Nötige getan, dass die Zeugen sich nicht mehr sicher sind, dass du mir geholfen hast, zu entkommen. Aegreto, dum anima est, spes est. (Für den Kranken besteht Hoffnung, solange er atmet!) Wenn du draußen bist, geh nach Ailaghoga. Ich werde da sein. Dein AVA." AVA, Aimo von Ailaghoga. Er wollte mich retten? Ich überlegte. Der Plan war nicht schlecht. Aber ich vertraute Schmiergeldern nicht. Versuchen musste ich es wohl dennoch. Vielleicht waren sie tatsächlich der einzige Ausweg. Die Frage war nur, wie ich nach Ailaghoga kommen sollte. Ich wusste, wie die Stadt hieß, in der ich war, aber nicht, wie weit ich von meiner Heimat entfernt war, und in welcher Richtung sie lag.

Gefängniszelle 11 Ziurichi

770 n. Chr.

Derselbe Wächter, der mir gestern den Brief seines Bosses gebracht hatte, holte mich wie versprochen auch heute aus der Gefängniszelle. Der andere Wächter, der ihn begleitet hatte, schaute ihn kritisch an.

„Wo bringst du sie denn hin?"

„Nach unten. Sie hat einen Gerichtstermin."

„Gericht? Frauen erhalten keinen Gerichtstermin. Wir haben schon für die Männer zu wenig Richter."

„Schon. Aber sie ist die Frau von Otto von Ottenhausen."

„Dieses verlumpte Weib hier? Sicher nicht. Das ist eine Verwechslung."

„Eben nicht. Das dachte ich anfänglich auch. Otto hat mir den Brief persönlich übergeben."

„Ach du heilige Maria. Bring du die Gefangene doch allein ins Gerichtszimmer. Mir fällt gerade ein, dass ich meiner Mutter versprochen habe, ihr heute beim Brauen zu helfen."

Es war wahnsinnig, was für eine Macht Hubertus als Folge seines Geldes gewonnen hatte.

Die Anhörung vor Gericht ging ohne Überraschung vor sich und endete mit meiner Freilassung. Hubertus wartete draußen auf mich. „Wie geht's dir?"

„Gut. Ich lebe. Und ich bin endlich wieder frei. Danke vielmals!"

„Gern geschehen. Hättest du dich doch früher gemeldet! Ich war fast wöchentlich in Ziurichi!"

Ich zog die Brauen in die Höhe, sagte aber nichts. Dann schmunzelte ich. Wie man sich täuschen konnte.

Hubertus erzählte: „Deinen Kindern geht es gut. Sie sind wohlauf. Dein Sohn ist bereits Vater geworden, deine älteste Tochter ist nach Basilia in mein Haus gezogen. Dort hat sie geheiratet und ist ebenfalls Mutter geworden. Deine zweitälteste

Tochter ist auch verlobt. Und die jüngsten zwei sind bei mir eingezogen. Sie sind nun die ersten Ottenhauserinnen."

Er lächelte. Dann wurde er ernst. „Ich dachte, wir alle dachten, du seist tot. Man hat dich gefunden. In der Eulach. Tot."

„Wer hat mich denn gefunden?"

„Ein Mann. Er war dunkel angezogen, mit zerfetzten Kleidern. Sein Gesicht war verschmutzt, weswegen ich es schlecht erkennen konnte. Aber er schien etwa in unserem Alter zu sein. Er sagte, er sei ein Leibeigener aus Ailaghoga, hätte dich gut gekannt."

„Hast du die Leiche jemals selbst gesehen?"

„Nein, habe ich nicht."

Mir war sofort klar, wer der Leibeigene gewesen war: Aimo. Verkleidet. Er war also bereits wieder einmal in Ailaghoga gewesen. Vermutlich wollte Aimo keine Scherereien mit meiner Familie. Er hatte ja zusehen müssen, wie sich die Mutter meiner Kinder verwahrlosen lassen hatte. „Hubertus, ich werde nach Ailaghoga gehen."

„Das weiß ich bereits. Ich solle dich begleiten, hieß es."

„Wer hat dir das gesagt?"

„Ein Mann aus Ailaghoga."

„Auch ein Leibeigener?"

„Nein, ein Adliger."

„Aimo."

„Natürlich, Aimo II. von Ailaghoga. Jetzt wo du's sagst. Das muss er gewesen sein. Hattet ihr Kontakt?"

„Nicht groß. Ich habe ihn lange nicht gesehen. Machen wir uns auf den Weg?", fragte ich.

„Jederzeit. Hast du alles dabei?"

„Ich trage alles, was ich habe."

„Gut. Dann ab nach Hause."

Taverne „Zur blühenden Linde" Ailaghoga
770 n. Chr.

Hubertus erhob das Weinglas, ich tat es ihm gleich. „Unser Dorf Ailaghoga lebe hoch! Hoch! Hoch!", riefen wir beide gleichzeitig. Dann stießen wir auf eine erstaunlich ruhige Reise an. Sogar die Grenzwächter schienen uns zu übersehen. Ich wurde den Verdacht nicht los, dass Aimo auch damit etwas zu tun hatte. Nur, wo war der überhaupt? In Ailaghoga? Oder noch in Ziurichi? Hubertus schien zu spüren, dass mich etwas beschäftigte und sah mich fragend an.

„Ach nichts", erwiderte ich.

„Wirklich?"

„Ja, es ist alles gut", antwortete ich.

„Ach ja, alles gut? Das sind ja erheiternde Nachrichten", tönte es von hinten.

„Aimo!" Ich rannte auf den Mann zu, der in der Tür stand.

„Camilla!", lachte Aimo glücklich und schloss mich in die Arme. „Wie habe ich dich vermisst!" Etwas leiser flüsterte er mir ins Ohr: „Ich habe meine „Karriere" als Boss an den Nagel gehängt. Denn ich habe mir vorgenommen, mir mein Herz wieder zurückzuerobern. Vielleicht verzeihen mir die Ailaghoger ja eines Tages. Und ich denke, die Sitte verlangt es, dass wir nochmals von vorne beginnen." Aimo deutete eine Verbeugung an und meinte: „Holde Maid, es freut mich, Aimo II. von Ailaghoga, außerordentlich, Euch wiederzusehen."

Lächelnd erwiderte ich mit einem Knicks: „Oh mein Herr, nennt mich doch Camilla!"

Aimo lachte, fasste mich um die Hüfte, schaute mir in die Augen und flüsterte: „In diesem Fall, Camilla, muss ich Euch gestehen, dass ich mich in Euch verliebt habe."

Wie doch ein Satz, ein einziger Satz des einen Menschen ein ganzes Tal an schlechten Erlebnissen mit süßer Zuckerwatte füllen konnte.

Ailaghoga

776 n. Chr.

Unser Haus lag mitten im Herzen des Fleckens, direkt neben der Werkstatt des Spanglers Amaury, Aimos bestem Freund. Bei ihm arbeitete mein „Bekannter" auch. Unsere Beziehung war ein offenes Geheimnis und der Dorfpfarrer drückte beide Augen zu und tat, als würde er von nichts etwas wissen. Die Geistlichen schienen ihre festen Aufgaben in den Flecken wohl Woche für Woche anders untereinander aufzuteilen, sie waren also nie lange in Ailaghoga, weswegen sie selbst den Gerüchtekessel nicht brodeln hörten. Und wenn doch, dann standen sie wohl laut singend daneben, um ihn nicht mehr zu hören. Es war nicht so, dass Aimo und ich nicht heiraten wollten. Aber wir durften leider nicht. Dass Adelige gute Bekannte hatten, mit denen sie Verhältnisse hatten, von denen ihre Ehefrauen nichts wussten, war nicht außergewöhnlich. Viel mehr Aufruhr hätte es gegeben, hätte Aimo mich geheiratet. Unter seinem Stand zu heiraten, gehörte sich nicht.

Aimo und ich gingen, wie jeden Morgen, seit wir aus Ziurichi zurückgekehrt waren, auch heute wieder auf einen Spaziergang in den Wald. Seit knapp einem halben Jahr litt ich nun schon unter einer lästigen Erkältung, die mich immer wieder zum Husten zwang. Nach Ansicht des Pfarrers würden mir diese Spaziergänge helfen. Und Aimo schien jede Möglichkeit zu ergreifen, die mich wieder gesund machen könnte. So langsam waren wir nämlich beide besorgt. Aimo vermutete, dass es von der starken körperlichen Anstrengung stammte, die mich schon mein ganzes Leben lang begleitet hatte. Ich tippte eher auf eine Strafe des Herrgotts, weil ich mit einem Mann zusammenlebte, ohne mit ihm verheiratet zu sein. Aimo hatte gut daran getan, in Ziurichi als Gangboss seinen adligen Namen zu vermeiden. Außer mir wusste niemand seine ganze Geschichte: Aimo von Ailaghoga II. als Boss.

Ich sah mich nach einer geeigneten Wiese um, um eine Rast einzulegen. Von einem erneuten Hustenanfall geplagt, sank ich zu Boden. Meine Kräfte schwanden jeden Tag, auch wenn ich das für mich behielt. Ich wollte Aimo nicht weiter beunruhigen. Dann hustete ich Blut. Er war sofort bei mir, hielt mir die Hand auf den Rücken und auf die Brust und redete beruhigend auf mich ein. Meine Lunge erholte sich wieder, und ich erhob mich zitternd. Aimo schüttelte den Kopf, nahm mich in die Arme und legte mich sanft ins Gras zurück. Einen Moment schloss ich die Augen und versuchte, mich zu entspannen, damit der Hustenanfall wieder aufhören würde. Aber nach einigen Minuten ging es wieder von vorne los.

„Camilla, wir sollten ins Kloster. Da kann man uns vielleicht helfen. Ich bin äußerst besorgt."

Ich nickte schwach.

„Warte hier einen Moment. Ich bin gleich wieder hier!"

Die Minuten verstrichen, während ich im Gras lag. Dann hörte ich Pferdegetrampel, das sich langsam näherte. Aimo stieg ab und hievte mich auf den eleganten Schimmel. „Ich möchte dich gerne in den Schlaf wiegen, aber das geht natürlich schlecht im Sattel."

„Und ich möchte, dass du dich ausruhen könntest und nicht über mich wachen müsstest. Das tust du schon in der Nacht und am Tag genug."

„Wie soll ich mich erholen, wenn es meiner Liebe schlecht geht, und neben mir kollabiert?!" Dann murmelte er etwas sanfter: „Ich werde so schnell reiten, wie ich kann." Es war gewaltig, wie schnell man etwas schaffen konnte, wenn man wusste, dass ein Leben daran hing. Kurz vor Sonnenaufgang waren wir bereits in Sankt Gallen.

Ein Mönch kam uns mit einer Laterne entgegen. „Das Kloster ist in der Nacht für Hausierer geschlossen. Was wollt ihr hier?"

„Camilla hier hat starken Husten, der nicht mehr weggeht. Seit zwei Monaten geht das nun so. Manchmal muss sie sogar erbrechen. Auch Blut. Der Pfarrer hat gesagt, sie müsse regelmäßig spazieren gehen, dann ginge das weg. Aber dem ist nicht so. Es wird immer schlimmer. Bitte helft uns!"

„Wie gesagt, Ihr müsst bis zum Morgen warten."

„Aber ihr Leben hängt davon ab!"

Der Geistliche schien abzuwägen. Dann meinte er: „Also gut. Aber ihr geht bitte direkt auf die Krankenstation."

„Machen wir. Wo ist die?"

„Ist angeschrieben."

Ich konnte Aimos Ausdruck in der Dunkelheit nicht sehen, aber begeistert war er über diese Antwort sicher nicht. Er hob mich vom Pferd und trug mich auf seinen Armen bis zur Krankenstation, die in einem anderen Flügel des Klosters lag.

Krankenstation Kloster Sankt Gallen

776 n. Chr.

„Wir haben eigentlich keine freien Betten", meinte der Mönch, der uns bei der Krankenstation am Tor empfing.

„Ich liege auch auf dem Boden, das ist kein Problem", röchelte ich unter einem weiteren Hustenanfall.

„Aber behandelt meine Frau bitte endlich. Ich kann auch bezahlen. So viel Ihr möchtet."

„Ist schon gut, wir werden einen Platz finden. Und spendet lieber dem Herrn", erwiderte der Mönch. Aimo trug mich noch bis zu einem Schafsfell, zu dem uns der Mönch geleitete und legte mich dort sanft auf den Boden. Ein Arzt untersuchte etwas später verschiedene Funktionen meines Körpers, meine Reflexe und meine Atmung.

„Das ist merkwürdig."

„Was?", fragte Aimo ungeduldig.

„In der letzten Zeit kommen immer mehr Menschen mit genau diesen Beschwerden zu uns. Luftmangel, Husten und Erbrechen.

Einige nehmen stark ab. Aber was es ist, kann ich Euch nicht sagen."

„Und was machen wir jetzt? Ich kann sie doch nicht einfach nur hier liegen und leiden lassen. Es muss doch ein Mittel geben, das …"

„Sicherlich gibt es ein Mittel."

„Welches?", fragte Aimo ungeduldig.

„Beten."

„Beten?"

„Beten."

„Aber irgendeine Arznei …"

„Beten ist das Einzige, was Ihr tun könnt. Vertraut auf den lieben Gott und spendet uns Geld. Dann wird Eure Frau wieder gesund."

Ich hatte die Kraft nicht mehr, nach Ailaghoga zurückzukehren. Also blieben wir in Sankt Gallen. Eleonore und Will brachen eine Reise nach Pogio ab und kehrten nach Sankt Gallen zurück, wo sie entschieden, eine Weile zu bleiben. Auch Hubertus lenkte seinen Verkauf nach Sankt Gallen, um näher bei mir zu sein. Wir alle spürten wohl, dass mein Leben nicht mehr Jahre andauern würde und ich mich auf der Zielgerade des Marathons befand. Aimo wich keinen Schritt von meinem Bett. Die Mönche mussten uns das Essen ins Zimmer bringen, weil er mich nicht so lange alleine lassen wollte, um das Essen selbst in der Küche oder in der Stadt zu holen. Vielleicht war seine Sorge um mich der Grund, wieso er kaum eine Woche später auch zu husten begann. Ich bemerkte jeden Tag, wie er an Gewicht verlor. Beinahe, als würde er mit jedem Husten einen Teil seines Körpers verlieren. So kümmerten wir uns gegenseitig um den anderen, wenn wir gerade nicht mit einem Anfall zu kämpfen hatten. Irgendwann machte sein Körper nicht mehr mit. In meinen Armen schlief er ein. Kaum zehn Minuten später war es auch um mich geschehen.

Das letzte Kapitel

„Dies ist der letzte Wille von Aimo II. von Ailaghoga." Hubertus musste eine Pause machen, bevor er weiterlas. Die Erinnerung an seinen liebgewonnenen Freund zog vor seinem inneren Auge vorbei. Was für ein guter Mensch, verbunden mit welch schlechten Taten er doch gewesen war. Ein Fehler, den er als Kind begangen hatte, begleitete und quälte ihn sein ganzes Leben. Vielleicht hätte er durch Camilla vergessen, aber es sich trotzdem niemals vergeben können. Hubertus atmete noch einmal tief durch, dann las er weiter: „Mein ganzes Vermögen soll an die Leibeigenen von Ailaghoga gehen. Sie sollen sich damit freikaufen, damit sie ein Leben in Freiheit und Würde führen können. Mein Pferd geht an Otto von Ottenhausen, der gut auf es aufpassen wird." Hubertus hielt inne und fuhr dann mit dem Testament fort: „Ich weiß, dass an dieser Stelle ein lateinischer Text folgen sollte. Aber das wollte ich nicht. Ich will, dass meine Rede alle verstehen. Die einfachen und die reichen Leute. Die Gebildeten und die Arbeitenden. Seid tapfer, gebt niemals auf und erhebt euer Glas heute auf einen Flecken, von dem man in 2000 Jahren noch reden wird. Es ist ein Flecken, der allen Widrigkeiten trotzt, der seinen eigenen Weg geht, und ein Flecken, auf den seine Bürger ewig stolz sein können. So wie ich es bin. Euer rechtmäßiger Herr. Glaubt an euch. Nicht an besserwisserische Leute, die euch vorschreiben, wie und wer ihr zu sein habt. Ihr Ailaghoger, lasst euch nicht unterkriegen. Niemals. Und ich werde ewig über euch wachen. Ailaghoga lebe Hoch! Hoch! Hoch!"

Hubertus blickte auf, wollte sehen, was diese Rede ausgelöst hatte. Die Menschen standen mit Tränen in den Augen auf, hielten sich die rechte Hand an die linke Brust und sprachen in ihrem Idiom: „Er ruhe in Frieden."

Dieses Mal wiederholten auch die Leibeigenen und die Bauern nicht einfach stumm die lateinischen Worte, obschon sie sie nicht einmal verstanden, sondern waren in Deutsch mit Herz und Seele dabei. Hubertus musste sich eine Träne verdrücken, so berührte ihn die Totenfeier. Der letzte Wille von Camilla wurde von Eleonore verlesen. Sie vergab alle Kleider, die sie besaß und ihren Schmuck sowie die Mitgift an einen gewissen Jack, der völlig überrascht davon, versehentlich ein lautes, glückliches: „Was?!", von sich gab. Camilla hatte jedoch die Bedingung für ihn gesetzt, dass er am Hof ihres Sohnes als Knecht arbeiten musste, wenn er sein Erbe erhalten wollte.

An diesem Abend war der ganze Flecken in der Taverne „Zur blühenden Linde" anzutreffen. Jung und Alt, Arm und Reich. Und noch nie war Hubertus stolzer auf seinen Flecken gewesen. Eleonore kam auf ihn zu, umarmte ihn. Sie sah, dass Camillas Tod ihn mehr berührte, als er zugab. Dann meinte sie: „Weißt du, sie und Aimo, sie konnten in dieser Welt nie auf gleicher Ebene stehen. Aber da oben", Eleonore zeigte in den Himmel, „Da oben sind sie beide gleich und können endlich ihre Liebe genießen."

„Meinst du, Aimo kommt in den Himmel?"

„Ja. Er war ein guter Mensch, auch wenn er uns das nicht immer zeigen konnte. Er hat sein Dorf und Camilla mehr beschützt, als jemand sonst das gekonnt hätte, auch wenn wir offenbar lange zu blind waren, um das zu erkennen."

Hubertus nickte. Dann blickte er auf den Tisch, auf sein Bierglas, das vor ihm stand, nahm es in die Hand, blickte zu Will auf, der hinter Eleonore aufgetaucht war und eine Hand auf die Schultern seiner Ehefrau legte. Hubertus rief: „Wir Ailaghoger sollten anstoßen. So hat es doch unser Herr gesagt! Ailaghoga lebe Hoch! Hoch! Hoch!»

Die drei stießen kräftig an: Auf das Vergangene, auf das Jetzige und auf das Kommende.

Auf dass sie nie aufgeben würden und sich selbstbewusst daran erinnerten, was sie bereits erreicht hatten.

Und das war zugegeben eine ganze Menge.

Tuberkulose im Mittelalter

Im Mittelalter wurde vermehrt mit Fleisch gehandelt. Infolgedessen breitete sich die ursprünglich von Tieren übertragene Krankheit Tuberkulose immer weiter in Europa aus. Verschiedene „Ärzte", also Mönche, die der Medizin eine besondere Achtung geschenkt hatten, „behandelten" nach den sog. hippokratischen Schriften und denen eines Arztes namens Galen. Darin war der ungefähre Ablauf der Krankheit beschrieben. Leider fehlten konkrete Behandlungsmethoden, weshalb jeder Mönch improvisierte. Da der Buchdruck in der Zeit, in der diese Geschichte handelt, noch nicht erfunden worden war, waren aber selbst diese Schriften sehr rar. So verfügten nur die großen Klöster über ein Exemplar. Auch wurde die Epidemie, TB, noch nicht als eine solche anerkannt. Die Menschen hielten es für eine Gottesstrafe oder Hexerei und schützten sich nicht genügend, wodurch sich die Tuberkulose gerade in den Städten rasant ausbreitete. Erst als man im 16. Jahrhundert auch außerhalb des Klosters studieren konnte, wurde die Medizin als eine Wissenschaft anerkannt, und der Beruf „Arzt" erstmals in einem Studium erlernbar. Dank des Buchdrucks konnte Medizin studiert und neue Erkenntnisse über Krankheiten viel schneller und zuverlässiger weiterverbreitet werden.

Namen von Städten und Flecken

Ailaghoga	Elgg ZH Aimos Gut, auf dem auch sein Gutshof stand.
Basilia	Basel War eine der ersten mittelalterlichen Städte auf Schweizer Boden.
Ottenhausen (eigentl. Oettenhausen)	Ettenhausen TG Ein kleines Dorf im Hinterthurgau.
Sankt Gallen	St. Gallen War damals vor allem eine Klosterstadt. Nach Aimos Schenkung gehörte auch Ailaghoga zum Kloster Sankt Gallen.
Wila	Wil SG Liegt etwa nach einem Drittel des Weges von Ailaghoga nach Sankt Gallen.
Vitudurum	Winterthur Ca. heutiges Oberwinterthur War vermutlich einer der Hauptkonkurrenten von Ailaghoga im Kampf um den regionalen Knotenpunkt.
Ziurichi	Zürich Ca. der heutige Stadtkern

Namen von Gegenden

Pagus Durgaugense	Kanton Thurgau War damals ein riesiges Gebiet mit vielen Gauen, also „Untergebieten". Auch Zürichgau, also ca. der heutige Kanton Zürich, gehörte als Gau dazu.
Zürichgau	Kanton Zürich Ein „Untergebiet" des Pagus Durgaugense. Im 10. Jahrhundert fielen Zürichgau und Pagus Durgaugense auseinander und wurden danach ganz langsam zu den Kantonen Zürich und Thurgau.

Die Autorin

Andrea Schnyder wurde 2004 in Elgg (ZH) in
der Schweiz geboren und ist als ältestes von
drei Kindern in der Agglomeration Winterthur
aufgewachsen. Nach der obligatorischen Schulzeit
absolvierte sie ein Praktikum als Pflegehelferin;
zurzeit studiert sie an der Pädagogischen
Hochschule Kreuzlingen, um Lehrerin zu werden.
Zu ihren Lieblingsaktivitäten zählen Schreiben,
Lesen und das Musizieren im Orchester der
Bürgermusik Ettenhausen (Saxophon). Schon
seit früher Jugend hat die Begeisterung für das
Schreiben sie fest im Griff. Als Abschlussarbeit der
3. Oberstufe der Sekundarschule hat sie ihr erstes
Buch – „Von Ailaghoga und einem Umschlag,
der mein Leben veränderte" – veröffentlicht.
„Von Ailaghoga und einem Pfeil, der mein Leben
veränderte" ist ihre zweite Veröffentlichung.